D1722722

KOPFSACHE JUNG

www.cpi-print.de/umwelt

MIX
Papier | Fördert
gute Waldnutzung
FSC® C083411
FSC
www.fsc.org

Markus Metka
Kopfsache jung

Cover: Bastian Welzer
Satz: Bastian Welzer

Gesetzt in der Ingeborg
Gedruckt in Deutschland

1 2 3 4 5 — 26 25 24 23

ISBN 978-3-99001-665-7

PROF. DR. MARKUS METKA

KOPFSACHE JUNG

Anti-Aging mit der Kraft der Gedanken

Aufgezeichnet von
Andrea Fehringer & Thomas Köpf

edition a

INHALT

Kapitel eins

FACE SCAN UND MIND LIFTING

Teure Cremen, Spritzen und chirurgische Eingriffe als bestes Mittel für ein faltenfreies Gesicht? Es gibt ein kleines, wohltuendes Ritual, das nichts kostet und besser funktioniert. Wenige Minuten täglich reichen, damit es wirkt.

Bevor Sie jetzt weiterlesen, lehnen Sie sich bitte bequem zurück und legen Sie Ihre Hände in den Schoß. Achten Sie darauf, dass sie einander nicht berühren und die Handflächen ganz oder halb nach oben weisen. Atmen Sie nun mit geschlossenen Augen zweimal tief und achtsam ein und wieder aus und richten Sie danach Ihren inneren Fokus auf Ihre Hände. Fühlen Sie die Handgelenke, die Handrücken, die Finger. Lockern Sie Ihre Hände, ohne sie dabei zu bewegen. Schicken Sie Ihren Atem in Ihre Hände. Schicken Sie mit dem Atem an die mehr als dreißig Muskeln in Ihren Händen Impulse, sich zu lockern und zu entspannen.

Achten Sie dabei darauf, was in Ihren Händen passiert. Fühlen Sie ein leichtes Kribbeln? Ein Vibrieren? Vielleicht sogar ein Pulsieren? Fühlen Sie, dass Ihre Hände schwerer werden? Wärmer? Nehmen Sie diese Gefühle des Kribbelns, der Schwere und der Wärme in einer Hand stärker wahr als in der anderen? Versuchen Sie in diesem Fall, Ihre Aufmerksamkeit gerechter zu verteilen. Schenken Sie der Hand, die weniger schwer und warm wird oder weniger kribbelt, etwas mehr Aufmerksamkeit.

Wenn die beschriebenen Gefühle in Ihren Händen abklingen, lassen Sie das zu. Sehen Sie abschließend Ihre Hände an und sagen Sie etwas Freundliches zu ihnen. »Danke, dass ihr mir auch heute wieder den ganzen Tag gute Dienste leisten werdet«, zum Beispiel.

Wie war diese kleine Übung für Sie? Wie ging es Ihnen dabei? Wie war es, sich ganz bewusst auf Ihre Hände und auf Ihren Atem zu konzentrieren?

Vielleicht haben Sie von den Techniken, die Sie eben angewendet haben, schon gehört oder sogar bereits Erfahrungen damit gemacht. Wie auch immer, was Sie gerade in Ihren Händen gespürt haben, war jedenfalls keine Einbildung. Dahinter steckt vielmehr ein inzwischen schon recht gut beforschtes medizinisches Prinzip.

Warum wir an uns glauben sollten

Die Kraft der Gedanken kann im Körper Erstaunliches bewirken. Durch das Fokussieren auf eine bestimmte Stelle, durch das Atmen in diese Stelle und das bewusste Senden von Energie dorthin passiert etwas Messbares mit realen Folgen.

Gewöhnlich geht es in diesem Zusammenhang darum, die uns Menschen von der Evolution in die Wiege gelegten Selbstheilungskräfte wachzurufen, womit sich etwa die Wiener Ärztin Annemarie Schratter-Sehn befasst. Die in Sachen Esoterik und Hokuspokus völlig unverdächtige Radiologin, Radioonkologin, langjährige Chefärztin des Wiener Franz-Josef-Spitals und Universitätsdozentin hat über ihre Erkenntnisse und Beobachtungen ein bemerkenswertes Buch mit dem Titel *Brain Change – Wecke deine Heilungsenergie* geschrieben. Der Auseinandersetzung mit ihr und ihrer Arbeit verdanke ich einige interessante Forschungs- und Praxisberichte, die zur Entstehung der im Folgenden vorgestellten Anleitung für Anti-Aging mit der Kraft der Gedanken beigetragen haben.

Schratter-Sehn hat etwas entwickelt, das sie *Body Scan* nennt. Mit diesem Verfahren können wir ganz für uns allein und ohne Geräte oder andere Hilfsmittel unseren Körper auf mögliche Schwachstellen untersuchen und Probleme nicht nur frühzeitig erkennen, sondern womöglich auch lindern oder heilen.

Der Body Scan ist vom Prinzip her die gleiche Übung wie die eben beschriebene, bloß beschränken wir uns dabei nicht auf unsere Hände, sondern gehen mit unseren Aufmerksamkeits-, Atmungs- und Entspannungsimpulsen den ganzen Körper von oben bis unten durch. Wenn wir dabei Blockaden wahrnehmen, in einer Schulter zum Beispiel, in der Brust, im Bauch, in den Knien oder in den Füßen, kann es sein, dass sich dort Entzündungsherde befinden. Jedenfalls könnte dieser Teil unseres Körpers mangelhaft durchblutet sein, was ein möglicher Hinweis darauf wäre, dass er nicht ganz gesund ist.

Gelingt es uns, diese Blockade mit dem Fluss unserer Aufmerksamkeit und unseres Atems aufzulösen, haben wir womöglich gröbere Probleme abgewendet. Zudem lassen sich auf diese Weise nebenwirkungsfrei Schmerzen lindern. Schratter-Sehn verweist dazu auf Untersuchungen mithilfe der Computertomografie, die sehr schön gezeigt haben, wie sich die Durchblutung einzelner Körperteile mit der Kraft der Gedanken verbessern lässt.

Die Ärztin und Forscherin überprüfte bei ihrer Arbeit im Wesentlichen uraltes Menschheitswissen wissenschaftlich. Denn bereits in der Antike sagte der bis heute berühmte Wanderarzt Hippokrates, dass der Geist des

Menschen den Heilungsprozess beeinflussen könne. Inzwischen hören Schratter-Sehn Hunderte Ärzte auf Kongressen zu – fasziniert etwa, wenn sie berichtet, wie sie die oft heftigen und letztendlich manchmal tödlichen Nebenwirkungen von Strahlentherapien nach Krebsdiagnosen in den Griff bekam, indem sie mit ihren bloßen Händen die Fähigkeit ihrer Patienten zur Selbstheilung anregte.

Aber was genau ist eigentlich Selbstheilung? Wir könnten es so sagen: Unser Körper hat die Fähigkeit, sich mithilfe unseres Geistes in seinen ureigentlichen Zustand zurückzuversetzen – in den Zustand, in dem wir ihn haben wollen. Er kann sich also regenerieren.

Kennen Sie einen dieser Fantasy- oder Science-Fiction-Filme, in denen Krieger ihre verletzten Gliedmaßen in ein mysteriöses Bad halten oder geheimnisvollen Strahlen aus einer anderen Welt aussetzen und unversehens entwickeln sie sich wie im rückwärtslaufenden Zeitraffer wieder zu dem, was sie gerade noch waren? Bei uns sind diese Möglichkeiten vermutlich nicht ganz so effizient, aber sie existieren.

Sie sind vielleicht in den vergangenen Jahrzehnten der vor allem an technischem Fortschritt interessierten Medizin etwas in Vergessenheit geraten, aber sie sind ganz sicher das natürlichste und wohl auch stärkste uns zur Verfügung stehende Instrument zur Regeneration. Glauben Sie dabei bitte an sich selbst, denn über diese Gabe und diese innere Energie verfügt jeder Mensch. Ist das nicht wunderbar?

Zunächst sollten wir uns einmal von dem Gedanken verabschieden, unsere Regenerationskräfte seien wie bei der Arbeit von Schratter-Sehn bloß für Krebserkrankungen oder andere mitunter schwierig zu lösende Probleme vorgesehen. Warum sollte das so sein? Warum sollten wir diese Kräfte nicht auch in den Dienst des Anti-Agings stellen können, bei dem es ja in erster Linie um Regeneration geht? Die Kraft der Gedanken statt Gurkenmaske also. Oder noch besser: die Kraft der Gedanken plus Gurkenmaske. Und jedenfalls die Kraft der Gedanken (plus oder minus Gurkenmaske) statt Botox, Hyaluron und Skalpell. Lassen wir es gemeinsam auf einen Versuch ankommen und lassen Sie sich von den Ergebnissen überzeugen.

Mehr als eine Gurkenmaske

Mit der Gurkenmaske sind wir bereits bei einem Teil unseres Körpers angelangt, den wir wohl als unser wichtigstes Aushängeschild bezeichnen können und dem deshalb auch beim Anti-Aging eine besondere Rolle zukommt. Genau, es geht um unser Gesicht. Ihm soll das Einleitungskapitel dieses Buches gewidmet sein, ihm und einer auf dem Brain Scan basierenden Technik, der ich den Namen *Mind Lifting* gegeben habe und die ich ihnen als Arzt und Präsident der Österreichischen Anti-Aging-Gesellschaft zum Ausprobieren vorschlagen möchte.

Anti-Aging ist kein Modetrend, sondern sicherlich ein menschliches Grundbedürfnis, das seit Jahrhunderten und ganz besonders heute viel teuren, zeitaufwendigen, letztendlich sinnlosen und teilweise sogar gefährlichen Unfug hervorbringt. Anti-Aging ist längst ein Milliardengeschäft – eines, das mit vielen süßen Versprechen lockt, die nur allzu oft gebrochen werden. Dabei ginge es auch einfacher, oder etwa nicht?

Die vielen sündhaft teuren Cremen, die oft nicht den gewünschten Effekt bringen, die teils schmerzhaften Gesichtsbehandlungen, die mitunter unsere Mimik verändern und Bekannte über uns schmunzeln lassen – ja, wollen wir das wirklich? Es ist höchste Zeit, Anti-Aging ganzheitlich und in gewisser Weise spirituell zu denken.

Nichts gegen Cremen. Oder gegen Eingriffe, wenn sie wohlüberlegt sind. Aber wir sollten beginnen, viel mehr auf uns selbst zu hören und uns mehr zuzutrauen. Denn die Kraft der Jugend liegt in uns – in unseren Zellen und Gedanken. Und das Beste daran: Die moderne Wissenschaft bestätigt das. Tatsächlich gibt es Möglichkeiten, ureigene menschliche Kräfte zu mobilisieren, die uns verjüngen. Das klingt zu gut, um wahr zu sein, meinen Sie? Keineswegs.

Das Mind Lifting erfordert zwei bis vier Minuten Ihrer Aufmerksamkeit am Tag. Sie können es im Bett vor dem Einschlafen, auf dem Heimweg im Zug oder einfach daheim am Sofa durchführen. Wenn es Ihnen gelingt, es als kleines, wohltuendes Ritual in Ihr Leben zu integrieren, werden Sie selbst bemerken, welche wunderbaren Ergebnisse es bringt. Wie funktioniert dieses Mind Lifting also?

Muskelspiele

Sprechen wir, um diese Frage zu beantworten, zunächst noch einmal über die Muskeln in unserem Körper. In unseren Händen sind es dreißig, das haben wir im Zuge unserer Aufwärmübung für dieses Buch bereits besprochen. Insgesamt verfügt unser Körper über 650 Muskeln, von denen die wenigsten Normalsterblichen mehr als fünf aufzählen können. Bizeps, Trapezmuskel, Deltamuskel, Bauchmuskel ... dann wird es schon eng. Nicht einmal erfahrene Orthopäden und Physiotherapeuten können alle Muskeln benennen.

Wussten Sie zum Beispiel, dass sich gleich fünfzig Muskeln in Ihrem Gesicht befinden? Wohl kaum, denn wie viele es wirklich sind, weiß selbst die Wissenschaft erst seit dem Jahr 2022, als Forscher einen bisher übersehenen Muskel identifizierten, der das Kiefer stabilisiert und zudem dazu dient, es zurückzuziehen. Das war in etwa so, als hätten Zoologen ein neues Wirbeltier entdeckt. 2022. Unglaublich, nicht wahr?

Die Muskeln im Gesicht haben allerdings eine lästige Eigenschaft, die Sie wahrscheinlich besonders gut von Ihren Nackenmuskeln kennen: Sie neigen dazu, sich unter Stress zusammenzuziehen. Sie verkrampfen und verhärten sich – bloß, dass wir das bei diesen vielen kleinen Muskeln nicht so leicht bemerken, weil sie nicht im gleichen Ausmaß schmerzen wie die Nackenmuskeln.

Dann könnte uns das ja eigentlich egal sein, meinen Sie? Leider nein. Denn das bringt ein schnelleres Altern unseres Gesichts mit sich. Wenn sich die gleichen Gesichtsmuskeln immer wieder verspannen, verändert das auf die Dauer unser Gesicht.

Menschen, die Sorgen haben oder viel Ärger, neigen genau deshalb zu mehr Falten und bestimmt ist Ihnen die berühmte »Zornesfalte« ein Begriff. Vor allem Frauen lassen sich diese Falte auf der Stirn zwischen unseren Augen mit Botox wegspritzen. Manche sind vom Ergebnis begeistert, weil die Stirn wieder schön glatt wird, andere wiederum jammern über eine eingeschränkte beziehungsweise veränderte Mimik und fragen sich zu Recht, als spürten sie es instinktiv, ob es nicht andere Wege gäbe, die lästige Zornesfalte loszuwerden.

Zudem können Verspannungen im Gesicht mit der Zeit sehr wohl auch schmerzhaft sein. Der Hauptschmerzpunkt liegt dabei meist im Bereich der Wange und kann in Richtung Augenhöhle, Nase, Kiefer und Ohr, aber auch bis zum Kinn und Nacken strahlen. Die Schmerzen können sich dumpf und drückend, aber auch brennend anfühlen.

Spannen auch Sie in bestimmten Situationen Ihr Gesicht an? Beobachten Sie sich und Ihre Gesichtsmuskulatur und achten Sie darauf. Sie werden überrascht sein, was sich da alles tut.

Ich finde es ja ein wenig amüsant, wenn es nur allzu oft heißt: »Schau nicht so streng.« Als wäre das so einfach! Manche Menschen haben eine starke Mimik, die unwillkürlich bestimmten Mustern und Gewohnheiten folgt und Verspannungen begünstigt. Wenn wir immer ernst schauen, prägt das aber irgendwann unser Gesicht und über seine ursprüngliche, naturgegebene Form stülpt sich eine der Masken, die das Leben so verteilt.

Die am häufigsten verspannte Muskulatur unseres Gesichts ist die Kaumuskulatur. Das kann dann zum Beispiel zu nächtlichem Zähneknirschen mit allen möglichen unerfreulichen Folgen führen. Doch auch unsere mimische Muskulatur kann sich verspannen. Sie besteht aus etwa zwanzig flachen Skelettmuskeln, die unter der Gesichtshaut liegen. Die meisten entspringen am Schädel oder an bindegewebigen Strukturen und stehen über elastische Sehnenfasern mit der Gesichtshaut in enger Beziehung. Der Gesichtsnerv (Nervus facialis) versorgt sie mit Reizen. Dadurch kommt es bei verspannter mimischer Muskulatur zu einem Unwohlsein im Gesicht.

Der wichtigste Nerv im Gesicht ist allerdings der Nervus trigeminus, ein Hirnnerv, der mit seinen dünnen Fasern Gesicht, Nasenhöhle, Mundhöhle und Kaumuskeln durchzieht. Die Gesichtsnervenzellen und die Gesichtsmuskeln bilden zusammen die Mimik. Die Hirnnerven, die direkt unter der Haut verlaufen, bedienen das Gesicht und die Sinnesorgane. Darum und aufgrund der Talgdrüsen und der dünnen Hautschichten reagiert das Gesicht empfindlich auf äußere Einflüsse.

Nun endlich zur guten Nachricht:

Sie können alle lästigen Verspannungen in Ihrem Gesicht loswerden, was Teil eines wunderbaren Gesamtkonzepts ist, das uns jung hält und jung aussehen lässt.

Sehen wir dazu einfach einmal gemeinsam nach, wie es den besagten fünfzig Muskeln in Ihrem Gesicht gerade geht. Es dauert nicht lange.

Schließen Sie dazu einfach die Augen und werfen Sie sozusagen einen Blick hinter die Kulissen Ihres Gesichts – auf die Mechanik, die immer gehorchen muss, wenn Sie lächeln, reden, die Nase rümpfen, jemandem einen Augenaufschlag schenken oder eine Grimasse ziehen, und die sich in bestimmten Situationen auf gewisse Art selbst in Betrieb nimmt, weil Ihr Gesicht auf Glück und Freude, Angst und Ekel, Überraschung oder Langeweile reagiert. Stellen Sie einfach mal kurz den Hauptschalter dieser Mechanik auf null und nehmen Sie alle Energie aus Ihrem Gesicht. »Shake it loose and let it fall«, könnten wir sagen, ganz nach einem Song von Kris Kristofferson, der damit allerdings nicht das Gesicht, sondern das Haar gemeint hat. Was spüren Sie? In den Wangen, in den Augenhöhlen? Um die Nase oder im Kiefer?

Wenn Sie nicht gerade hervorragend entspannt sind, weil Sie nach einem erquicklichen Abend wunderbar geschlafen haben oder einen fantastischen Urlaub in einer Hängematte zwischen zwei Palmen auf einem Malediven-strand verbringen und Ihnen die Liebe Ihres Lebens soeben sanft die Stirn geküsst und Ihre Wangen gestreichelt hat, spüren Sie etwas, das Ihnen vielleicht bisher gar nicht aufgefallen ist und mit dem es einige Bewandtnis hat.

Falten. Ich habe sie ja vorhin schon kurz angesprochen. Sie sind die unangenehmen Auswirkungen von Verspannungen auf das Aussehen unserer Haut. Auf einer verspannten Gesichtsmuskulatur verwurzeln sich Falten viel leichter. Bei jedem mimischen Ausdruck nutzen wir Gesichtsmuskeln. So verziehen wir zum Beispiel das Gesicht, wenn wir uns ärgern, oder kneifen unsere Augen zusammen, wenn wir gegen die Sonne schauen. Dadurch verspannen und verkrampfen sich die feinen Gesichtsmuskeln und verhärten sich mit der Zeit. Daraus resultieren kleine, aber tiefe Falten im Hautgewebe. Wenn wir also wütend die Stirn runzeln und die Augen zusammendrücken, entstehen Falten.

Am Anfang bilden sie sich noch zurück, wenn das Gesicht sich wieder entspannt. Doch wenn es dauerhaft angespannt ist, können sich immer mehr Falten immer tiefer einnisten und für immer bleiben. Auch darüber hinaus prägen Gesichtsverspannungen unser Erscheinungsbild. Treten sie nämlich immerzu an der gleichen Stelle auf, formen sie unser Gesicht und beeinflussen es. Die Gesichtsmuskulatur umgibt die Öffnungen des Kopfes und beeinflusst dessen Form, Größe und Ausdruck. Wir stülpen ihm also tatsächlich täglich eine Maske aus Verspannungen und Verkrampfungen über, die irgendwann zu unserem eigentlichen Gesicht wird.

Nun könnten wir selbstverständlich darüber reden, ob Falten überhaupt etwas Negatives sind. Was ist an ihnen eigentlich so schlecht? Sehen wir uns die Fotos von alten Menschen an, stellen wir fest, dass einige von ihnen regelrecht strahlen. Unbändige Kraft, Schönheit und Weisheit stehen ihnen förmlich ins Gesicht geschrieben und rasch wird uns klar, dass Falte nicht gleich Falte ist.

Kennen Sie den Spruch »Ab fünfzig hat jeder das Gesicht, das er verdient«? Sicher tun Sie das, aber haben Sie sich auch schon einmal gefragt, warum das so ist? Es hat damit zu tun, dass es im Leben jedes Menschen dominierende Gefühle gibt, und leider sind das nicht durchwegs positive wie Liebe, Freude oder Zuversicht. Dazu können auch Angst, Zorn, Neid, Eifersucht oder Gier gehören. Ich würde nicht behaupten, dass ich vor alldem zu hundert Prozent gefeit bin, und ich glaube kaum, dass es ein anderer Mensch von sich behaupten kann. Es sei denn, man ist ein Mönch, der auf der Himmelsleiter des heiligen Benedikt von Nursia gerade die oberste Sprosse erklommen hat und in diesem Moment einen Fuß ins Licht der Erkenntnis setzt. Menschen, die glücklich sind, strahlen dieses Glück aus und sie sehen ganz anders aus als unglückliche, frustrierte oder gar bösartige Menschen.

Stellen Sie sich zum Beispiel vor, Sie sitzen mit Ihrer Familie am Sonntagstisch. Vor Ihnen duftet köstliches Essen, für das Sie den ganzen Vormittag in der Küche verbracht haben. Auch die Kinder sitzen mit Ihnen am Tisch, genauso wie Ihre Schwiegermutter. Die Familie beginnt zu essen. Der Reis ist ein wenig trocken, schmeckt aber hervorragend, auch für das Fleisch können Sie sich auf die Schulter klopfen und der Salat ist wie jedes Mal ein Gedicht. Alle loben Sie. Plötzlich meldet sich aber Ihre Schwiegermutter zu Wort. Der Reis sei zu trocken, das Fleisch ebenso, dafür sei der Salat zu wässrig und mit viel zu viel Dressing angerichtet. Sie bietet Ihnen an, beim nächsten Mal zu helfen oder gleich für Sie zu kochen. Sie verdrehen die Augen und verziehen das Gesicht. Binnen Sekunden verwandelt sich Ihr Gesicht in eine Maske aus Verspannungen und Verkrampfungen.

Da die Schwiegermutter jeden Sonntag zum Mittagessen kommt, verwandeln sich Ihre Gesichtszüge immer öfter in diese Maske. Mit der Zeit manifestieren sie sich bis hin zu einer veränderten Mimik. Ihre Verspannungen sind es jetzt, die Ihr äußeres Erscheinungsbild zeichnen. Sie bekommen immer mehr Falten – Falten, die Ihnen so gar nicht stehen. Und das wollen Sie ja eigentlich vermeiden! Ihre Schwiegermutter lässt Sie alt aussehen, und das nicht nur, indem sie Ihr Essen kritisiert.

Achten Sie in Ihrem Alltag so oft wie möglich genau auf Ihre Gesichtszüge. Bemerken Sie, wie oft sie verspannt sind? Wie oft Sie die Augen zukneifen oder den Mund verziehen? Ich rede nicht von Lachfalten, die jedem gut stehen und die übrigens schon Kleinkinder haben. Ich rede von Falten, die das Ergebnis eines Lebens sind, das wir im Grunde gar nicht wollen.

Ab fünfzig hat jeder das Gesicht, das er verdient. Hier kommt dieser ein bisschen gemeine Satz, den Ärzte sich dann nie verkneifen können und der bedeutet: Sie selbst sind dafür verantwortlich, wie Ihr Gesicht aussehen wird. Wenn Sie bald so alt aussehen wie Ihre Schwiegermutter, sind Sie selber schuld.

Doch was können wir nun konkret tun, um unsere Gesichtsmuskulatur locker und entspannt und unsere Haut frei von unerwünschten Falten zu halten?

20

Ja, Stress und Verkrampfungen sind schlecht für unsere Haut, das wissen wir jetzt. Ja, emotionaler Stress regt auch unseren Trigeminusnerv an, was zu Schmerzen im Gesicht führt. Doch wie können wir diesen Druck und die damit einhergehenden Hautalterungen beziehungsweise Falten- und Maskenbildungen vermeiden? Was können wir tun gegen die zahlreichen Faktoren, die jeden Tag über unsere Stimmungen, Gefühle, über unseren Geist und unsere Seele auf unser Gesicht wirken? Wir können ja schlecht mit Lärmschutzkopfhörern zur Arbeit kommen, nur um das nervige, stressende Geschwätz unserer Kollegen nicht zu hören. Wir können unsere Kinder, wenn sie wieder mal besonders anstrengend sind, ja nicht einfach wegsperren. Wir können wahrscheinlich nicht einmal die besagte Schwiegermutter vom wöchentlichen Sonntagsessen ausladen.

Der Weg zur Entspannung

Wir könnten es so machen wie die Mönche und Yogis aller Religionen und uns vom Irdischen einfach befreien. Klar, denken Sie sich jetzt vielleicht, Mönche haben auch weniger Sorgen. Sie haben meist keine Kinder, die sie ernähren müssen, und arbeiten nicht von morgens bis abends, oder? Nun, es mag Sie überraschen, aber Mönche haben durchaus Stress. Sie sind Teil einer oft großen Gemeinschaft, müssen Gartenarbeit verrichten, eigenes Obst und Gemüse anpflanzen und Kleider nähen. Mönchsein ist also gar nicht mal so einfach! Woher kommt dann diese Zufriedenheit? Woher dieses Gesicht, in dem sich die Spuren der Zeit in vergleichsweise milden, lieblichen Falten auflösen?

Es liegt wohl an ihrer Einstellung zum Leben. Wir könnten uns freilich ebenfalls über den Alltag erheben – von unserem getriebenen und oft auch gestressten Ego zu unserem göttlichen Selbst. Wir könnten alles, was uns nervt, einfach ignorieren und mit Gleichmut und stresslos durchs Leben tanzen. Wahrscheinlich würden wir dann auch so jung und strahlend aussehen, wie es solche Mönche und Yogis manchmal tun.

Aber das klingt nach einem langen, schwierigen Weg, für den wir uns erst mal einige Jahrzehnte zurückziehen müssten. Außerdem bin ich mir fast sicher, dass die Mönche, wie auch Sie, gerne lachen. Sie blicken ihre Mitmenschen mit Sicherheit auch hin und wieder überrascht oder aufmerksam, mit angehobenen Augenbrauen und Querfalten auf der Stirn an. Auch hierbei entstehen Falten, wenn die mimischen Bewegungen reflexhaft ablaufen und deshalb zwangsläufig wiederkehren.

Ich hoffe für Sie, dass Sie in Ihrem Leben viel zu lachen haben, und das sollten Sie sich auch bitte nicht abgewöhnen. Auch nicht für ein jüngeres, faltenloses Gesicht. Denn nichts ist so schön und ansteckend wie ein herzhaftes Lachen. Ich habe aber eine bessere Idee, wie Sie dieses Ziel erreichen können. Und damit sind wir wieder zurück bei der Übung mit den Händen – nur, dass wir jetzt das Gleiche mit dem Gesicht versuchen.

Shake it loose and let it fall

Lehnen Sie sich entspannt zurück. Am besten legen Sie sich bequem auf den Rücken, Ihre Hände platzieren Sie ausgestreckt neben sich. Nehmen Sie nun zwei oder drei tiefe Atemzüge, fühlen Sie, wie Ihr Körper schwer wird, und spüren Sie, wie Ihr Gesicht ebenfalls immer schwerer wird, wie es sich von den Knochen zu lösen und nach unten zu sinken scheint, in Richtung Boden. Ihr Mund öffnet sich womöglich etwas und vielleicht tritt Ihre Zunge ein Stück hervor. Das ist normal. Fühlen Sie auch, wie Ihre Augen zurück in die Höhlen sinken. Was spüren Sie? Ein Kribbeln? Vibrieren? Wärme? Vielleicht ein Pulsieren? Fühlen Sie die Schwere Ihres Gesichts? Wie sich alle Ihre fünfzig Muskeln entspannen?

Richten Sie Ihren inneren Fokus weiter auf Ihr Gesicht und tasten Sie es in Gedanken ab, scannen Sie es, schicken Sie Ihren Atem in Ihr Gesicht. Senden Sie mit dem Atem Impulse. Lassen Sie Ihr Gesicht schwer sein, sich lösen, fühlen Sie dieses Netzwerk aus lauter kleinen Verspannungen unter der Haut, über das Sie ganz verwundert sind, weil es Ihnen eigentlich die ganze Zeit über auffallen hätte müssen, es aber nicht getan hat.

Gehen Sie nun alle Regionen Ihres Gesichts auf diese Weise durch. Zunächst die Wangen und die Mundwinkel, denn dort sitzen die meisten Verspannungen, danach die Augenwinkel und die Umgebung der Augen. Fühlen Sie das wohlige Gefühl, das auf Ihre Augen übergreift, die sich auf einmal feuchter und entspannter anfühlen. Lassen Sie eine warme Welle durch jeden Quadratmillimeter Ihres Gesichts ziehen und jede davon intensiv auf sich wirken.

Erinnern Sie sich an die Übung, die ich zu Beginn erwähnt habe. Zuvor haben Sie Ihre Hände gescannt, nun machen Sie das Gleiche mit Ihrem Gesicht. Sie führen jetzt sozusagen einen Face Scan durch.

Zuerst entspannen Sie die Muskeln im Mundbereich: den Musculus labii superioris alaeque nasi (Oberlippen- und Nasenflügelheber), die Musculi zygomatici minor et major (Jochbeinmuskeln), den Musculus risorius (Lachmuskel) und den Musculus levator anguli oris (Mundwinkelheber). All diese Muskeln nutzen Sie, wenn Sie mal wieder herzhaft lachen. Jetzt aber werden sie immer leichter und entspannter.

Sie gehen weiter zur Muskulatur rund um die Augen. Der Musculus orbicularis oculi (Augenringmuskel) kommt unter anderem beim Zusammenkneifen der Augen zum Einsatz. Auf die gleiche Weise lockern Sie auch alle weiteren Muskeln im Bereich der Augen. Jetzt sind die Wangenknochen (Musculus buccinator und Musculus masseter) an der Reihe und viele, viele mehr.

Unsere Muskeln setzen sich aus vielen Muskelfaserbündeln zusammen. Die einzelnen Muskelfasern sind in Muskelzellen unterteilt. In ihnen stecken die eigentlichen Kraftwerke der Muskeln. Denn hier hakt sich das Myosin, ein Eiweißmolekül, am sogenannten Aktinfaden ein und zieht ihn heran. Dadurch zieht sich der Muskel zusammen, es entsteht eine Kontraktion. Durch die Verkürzung vieler Zellen entfaltet der Muskel seine Kraft.

Wenn die Myosinköpfchen nun das Signal bekommen, loszulassen, entspannt sich der Muskel wieder. Lassen Sie also los. Lassen Sie damit Ihren stressigen Alltag los, die nervigen Kollegen, die anstrengende Schwiegermutter, die quengelnden Kinder. Geben Sie dem Myosin das Signal, den Aktinfaden loszulassen. Lassen Sie los, genau wie es Ihre Myosinköpfchen tun.

Nach dieser Übung können Sie förmlich spüren, wie sich die Muskeln entkrampfen und die Falten zurückziehen. Und das ganz ohne alles, auch ohne Creme, nur mit der Kraft Ihrer Gedanken.

Sie straffen Ihre Haut mithilfe Ihres Geistes und einer einfachen Technik. Sie nehmen die Maske der Verkrampfungen ab, lockern alle Muskeln und glätten Ihre Haut.

Machen Sie diese Übung abends im Bett vor dem Einschlafen. Da ist sie besonders effektiv. Sie nehmen die Maske aus Verkrampfungen und Verspannungen, die Sie sich den ganzen Tag unwillkürlich übergestülpt haben, ab und gestatten es Ihrem Gesicht, nahe an seiner Urform zu übernachten und sie zu bewahren.

Denken Sie auch tagsüber ab und zu an Ihr Gesicht und lockern Sie es. Ich bin mir sicher, Sie werden das nicht als zusätzliche Aufgabe empfinden, sondern – besonders, wenn Sie einige Übung darin haben – als kleines Geschenk der Aufmerksamkeit an Sie selbst, das noch dazu die wunderbare Eigenschaft hat, Ihnen etwas zurückzuschenken: Schönheit und Jugend.

Mind Lifting für Fortgeschrittene

Das Mind Lifting funktioniert wie hier beschrieben. Verlassen Sie sich bitte darauf. Sie müssen nur auf sich und auf die unglaublichen Kräfte, die in Ihnen schlummern, vertrauen. Aber es gibt auch noch einen wunderbaren Trick, um die Wirkung zu erhöhen, das »Turbo Mind Lifting« sozusagen. Er besteht darin, die Schwerkraft zu Hilfe zu nehmen.

Im Grunde gibt es hier zwei Möglichkeiten: eine besonders einfache und eine herausfordernde, die allerdings in Sachen Anti-Aging noch eine ganze Menge erfreulicher Begleiterscheinungen hat. Fangen wir mit der einfachen an.

Nehmen Sie auf einem ganz normalen Küchenstuhl oder auf Ihrem Schreibtischsessel Platz. Setzen Sie sich einfach mit leicht geöffneten Beinen hin, beugen Sie sich nach vorne, lassen Sie dabei die Arme zum Boden baumeln und den Kopf nach unten hängen und sorgen Sie dafür, dass Ihr Nacken ganz locker ist.

Nun machen Sie die gleiche Atem-, Fokus- und Energieübung wie zuvor, nur andersherum. Was ist der zusätzliche Vorteil?

Es tut allen Teilen des Körpers gut, wenn die Schwerkraft gelegentlich von der anderen statt immer von der gleichen Seite auf sie wirkt, auch den vielen kleinen Muskeln und dem Nervensystem in unserem Gesicht.

Zudem fördert diese Position eine bessere Durchblutung des Gesichts, wodurch mehr Sauerstoff und mehr Nährstoffe in die Haut gelangen. Die Schwerkraft kann unser kleines Gesichts-Autoregenerationsprogramm somit wunderbar verstärken. Anders ausgedrückt: Wenn Sie das Mind Lifting zwischendurch mit dem Kopf nach unten machen, profitieren Sie von einer Art Turboeffekt.

Viele Yogis schwören auf diesen Verjüngungseffekt – auch deshalb, weil sich dadurch die Faltenbildung verringert. Sie üben sich aber am liebsten in der Turbovariante dieses Turbotricks und stehen überhaupt gleich kopf. Auf diese Weise gelangen nicht nur mehr Nährstoffe und mehr Sauerstoff in die Haut, sondern auch ins Gehirn. Der Kopfstand fördert zudem den Abbau von Giftstoffen, was einen leuchtenden Teint fördert. Er stärkt Herz, Kreislauf, Venen und Arterien, den Gleichgewichtssinn, das Gedächtnis und die Klarheit im Denken. Er schützt vor Lymphproblemen und Krampfadern. Er ist schlichtweg ein Zaubermittel gegen zahlreiche Gesundheitsprobleme. Regelmäßiges Auf-dem-Kopf-Stehen macht Sie zudem beweglicher und verbessert Ihre Haltung im Alltag. Sie erlangen mehr Stärke und Ruhe, wodurch auch Ihre Umgebung Sie anders wahrnimmt. Sie wirken sicherer und ausgeglichener. Nicht umsonst heißt es: »In der Ruhe liegt die Kraft.«

Wann haben Sie zuletzt einen Kopfstand gemacht? Anfangs ist der Kopfstand schwierig und kostet Überwindung und mit zunehmendem Alter wird er nicht einfacher. Aber es ist möglich und es funktioniert. Nur Mut! Probieren Sie es. Sie werden es mit Geduld und Übung

schaffen und Sie werden sehen, dass Sie dabei auch mehr
Selbstvertrauen und neuen Mut fassen.

Schauen Sie sich davor eine der vielen Übungen dazu an,
denn es gilt auch, Fehler zu vermeiden. Vor allem neigen
wir anfangs dazu, zu viel Gewicht auf Kopf und Halswirbel-
säule zu verlagern, was Schaden anrichten kann. Außerdem können durch ruckartige Bewegungen Nerven einge-
zwickt werden, was höchst unangenehm sein kann.

Noch ein Hinweis

Wenn es Ihnen gelingt, zumindest die Basisübung für
das Gesicht und zwischendurch die Variante im Sitzen
mit dem Kopf nach unten als wunderbare kleine Rituale
in Ihr Leben zu integrieren, werden Sie feststellen, dass
Sie dabei eine neue Beziehung zu Ihrem Gesicht bekommen. Nützen Sie diese Beziehung, treten Sie sozusagen ins
Zwiegespräch mit Ihrem Gesicht, kommunizieren Sie mit
ihm, was ziemlich oft dazu führen wird, dass Menschen
Sie fragen, ob Sie gerade aus dem Urlaub kommen, weil
Sie so entspannt wirken.

Achten Sie darauf, wie Ihr Gesicht worauf reagiert. Es
wird Ihnen viele interessante Dinge verraten. Wer oder
was Sie entspannt, wer oder was Sie verkrampft und auch,
wer oder was Ihnen hilft, sich zu lösen und fallen zu lassen.
Das sind wichtige Informationen, nicht nur im Hinblick auf
eine faltenfreie Haut. Denn was unser Gesicht verkrampft
und verspannt, das verkrampft und verspannt letztend-

lich unseren ganzen Körper, was in jedem Fall das genaue Gegenteil von Regeneration ist und uns niemals guttut.

Die Sekundenvariante des Mind Lifting

Wenn Sie sich mit den Mechanismen hinter den Kulissen Ihres Gesichts vertraut gemacht haben, verstehen Sie auch, was die rund fünfzig Muskeln dort ständig tun. Sie haben gelernt, sich in Ihr Gesicht hineinzufühlen. Jetzt sind Sie so weit, die Sekundenvariante des Mind Lifting anzuwenden. Damit starten Sie einen lebensbegleitenden Prozess, der viel dazu beitragen wird, Ihr Gesicht jung, frisch, vergleichsweise glatt, anziehend und charismatisch zu halten.

Was ist die Sekundenvariante des Mind Lifting? In dem Moment, in dem Sie eine Form der Verspannung in Ihrem Gesicht spüren, wirken Sie augenblicklich bewusst dagegen ein. Senden Sie mit Ihrem Atem und Ihrer Aufmerksamkeit genau dorthin einen kleinen Entspannungsimpuls, was umso einfacher und effizienter geht, je mehr Sie sich darin üben. Auf die Art lösen Sie eine Verkrampfung auf, ehe sie sich manifestieren kann.

Das Mind Lifting – diese so einfache und wohltuende Übung, die weder Disziplin noch Anstrengung erfordert, kein Geld und kaum Zeit kostet – ist aber nur eine von vielen Möglichkeiten des Anti-Agings mit der Kraft der Gedanken.

Kapitel zwei
WAS SIE ERWARTET

Wussten Sie, dass es empathische Gene gibt? Alles, was wir erleben, sehen und tun, bildet sich in unseren Zellen ab und hat Folgen für unseren Gesundheitszustand. Mind Lifting heißt die Technik, die das Anti-Aging steuert. Diese Kraft können Sie nutzen.

Alles beginnt im Kopf. Die Kraft der Gedanken bündelt Vorstellungen und Ideen zu einem Energiestrahl der Jugendlichkeit – erdacht wie eine Heiltherapie, die auf die Seele wirkt und dem Körper guttut. Der Face Scan ist nur eine von vielen Methoden, sich dieser mentalen Macht zu bedienen.

Die Medizin und die Hirnforschung haben den Tiefensinn längst erkannt. Was früher als unerklärliches Phänomen oder esoterischer Humbug abgetan wurde, hat mittlerweile Einzug in die Wissenschaft gehalten. Neue Bezeichnungen für altes Wissen, das schon in der Antike empirisch erforscht wurde. Die praktischen Ärzte im alten Griechenland hießen Empyrikos. Sie studierten durch Beobachtung, lernten und verstanden, was die Forschung heute als Fakt belegt: Das Denken lenkt das Leben – mehr, als wir es für möglich halten. »Es ist der Geist, der sich den Körper formt«, hat Friedrich Schiller so schön bemerkt. Er war ja auch Arzt.

Richtig angewendete Techniken machen Anti-Aging zur Kopfsache. Zu einem völlig neuen Trend, der den Menschen hilft, sich selbst zu helfen. Ich nenne es Mind Lifting. Straffende Techniken für die Psyche – darum geht es in diesem Buch, das ich Ihnen, liebe Leserin, und Ihnen, lieber Leser, ans Herz legen möchte. Wir werden uns mit allen Spielarten guter Gedanken beschäftigen, um ein paar Schöpfer aus dem Jungbrunnen in uns selbst zu nehmen.

Mind Lifting und die leisen Flammen des Alters

Der Hintergrund aller Alterungstreiber liegt in der Molekularbiologie verborgen. In unserem Organismus züngeln unsichtbare Flammen, biochemische Zippos. Da verstecken sich Glutnester, die auf Zellebene glosen, oder sogar schon Brandherde, die ausgebrochen sind, ohne dass man sie sieht, merkt oder spürt. Wir nennen es *Silent Inflammation*. Der Biochemiker Barry Sears machte den Begriff schon vor zwanzig Jahren in den USA salonfähig und das *Time Magazine* widmete dem Thema gleich eine Coverstory. Diese leisen Entzündungen sind extrem heimtückisch. Sie arbeiten wie Phantome der Zerstörung und lassen den Menschen irgendwann, manchmal nach Jahren oder erst nach Jahrzehnten, krank werden. Und auf einmal ist er da, der Herzinfarkt, der Gehirnschlag, der Diabetes, der Alzheimer oder ein anderes Fallbeil, das gemeinhin als Zivilisationskrankheit gilt. Diese unschönen Dinge kommen nicht von ungefähr. Sie haben ihren Ursprung in den Genen. Wie wir mit ihnen umgehen, entscheidet nicht allein das Schicksal, vielmehr sind wir es selbst, die unsere Zukunft zimmern. Unser Baukasten besteht nicht bloß aus Erbmasse, sondern auch aus der Art und Weise, wie wir den Alltag bestreiten.

Vor gar nicht allzu langer Zeit war die Wissenschaft der Ansicht, dass der Mensch zu fünfzig Prozent genetisch vorbestimmt ist. Dieser Wert wurde sukzessive nach

unten korrigiert. Bald waren es dreißig, dann 25 und
später zwanzig Prozent genetische Disposition. Die
aktuelle Forschung zeigt, dass in Wahrheit nur sieben
Prozent Bestimmung sind und 93 Prozent Lebensstil.

Was wir tun, wie wir leben und vor allem wie wir denken, entscheidet darüber, ob wir gesund altern oder frühzeitig abdanken. Das Mind Lifting kann diesen Prozess nicht umkehren, aber es kann ihn verlangsamen.

Die fünfte Säule des Anti-Agings: der Geist

Zu den vier Säulen des Anti-Agings – Ernährung, Bewegung, Hormone und Umwelt – hat sich ein fünfter Pfeiler gesellt: der Geist. Er vereint die Spiritualität, die Psychosomatik und die Psychoneuroimmunologie. Ein sperriges Wort, ich weiß. Es gibt neuerdings sogar den Begriff »Psychoinflammoimmunologie«. Sagen Sie das fünfmal hintereinander und ich applaudiere Ihnen. Psychoinflammoimmunologie erklärt, wie das Denken zelluläre Prozesse befeuert oder schützt. Jedenfalls stecken biologische Gesetzmäßigkeiten dahinter.

Die moderne Wissenschaft weiß, dass es sogenannte »empathische Gene« gibt. Diese Gene sind, wie es der deutsche Neurowissenschaftler Joachim Bauer nennt, Kooperatoren und Kommunikatoren. Empathische Gene wirken mit Molekülen zusammen, sie verhalten sich sensorisch, wie winzige Lebewesen. Sie senden Signale aus, sie empfangen Botschaften, sie reagieren. Sie nehmen wahr, was wir tun. Gedanken haben also eine Signalwirkung. Sie verändern uns zum Guten, wie etwa gesunde Ernährung oder saubere Luft.

Jeder Mensch hat 23.000 Gene, 53 davon sind empathische Gene. Sie befinden sich in jeder menschlichen Zelle und sind sozusagen die Nervenenden der Gefühle und Regungen. Sie sind winzige Künstler und gute Zuhörer – immer da, lauschend und verständnisvoll. Sie können sich das vorstellen wie ein Klavier, auf dem ein Konzertpianist spielt. Ist es ein harmonisches Stück wie Mozarts *Zauberflöte* oder Haydns *Schöpfung*, lebt der Mensch im Einklang mit sich selbst. Ist es eine Aneinanderreihung von Dissonanzen wie bei Alban Bergs Zwölftonmusik oder das wilde Geklimper eines zornigen Kindes, gerät das zelluläre Gleichgewicht außer Kontrolle. Der Mensch altert schneller und erkrankt früher oder später.

Wie empathische Gene auf den Körper wirken

Entdeckt wurden diese empathischen Gene vor zehn Jahren. Steven Cole von der UCLA in Los Angeles veröffentlichte im Juli 2013 eine viel beachtete Arbeit mit dem Titel *The Emerging Field of Human Social Genomics.* Darin schlüsselte er auf, wie und warum äußere Einflüsse – insbesondere, wie der Mensch sie wahrnimmt und verarbeitet – neuronale und molekularbiologische Auswirkungen haben.

Kurzum: Was wir erleben und was wir daraus machen, entscheidet unsere empathische DNA in jeder einzelnen Zelle. Wir sind die Summe aus Einflüssen und Entscheidungen, die in uns allesamt biochemische Folgen haben.

Denken ist Dasein. Die meisten Krankheiten haben demnach ihren Ursprung in der Lebensweise, für die wir uns entscheiden oder die uns auferlegt wird. Das Außen definiert unser Inneres und wir steuern mit unseren Gedanken, wo die Reise hingeht. Stress verursacht mit der Zeit Herz-Kreislauf-Krankheiten oder auch Krebs. Das heißt, die Außenwirkung auf das Gehirn und die Psyche im Allgemeinen bedingt, ob und in welcher Kombination Gene aktiviert werden. Und diese empathischen Gene setzen Prozesse in Gang, die uns à la longue schonen oder schaden.

Depression und Demenz

Das Interleukin-6 ist so ein Neuroinflammator, ein Brandbeschleuniger, wie auch der sogenannte Tumornekrosefaktor-alpha. Schießt das Interleukin-6 nach oben, äußert sich das gleichermaßen körperlich wie geistig. Der Mensch ist dann anfällig für Osteoporose, Depression, Arteriosklerose und Demenz. Die Fachärzte rätseln aber und fragen sich, warum.

Für einen Spezialisten ist es oft schwierig, einen holistischen Ansatz zu finden. Beispielsweise sucht der Psychotherapeut nach den Ursachen einer Depression, würde aber nicht gleich denken, dass das Interleukin-6 dahintersteckt. Auch nicht bei porösen Knochen, wenn der Orthopäde seine Diagnose überdenkt oder der Internist bei verkalkten Arterien Statine verschreibt. Es ist noch gar nicht so lange bekannt, dass eine wesentliche Ursache der Arterienverkalkung ebenfalls die stille Entzündung ist. Der Ursprung liegt stets im Lifestyle und hängt ganz deutlich von den Stressoren ab, denen der Mensch ausgesetzt ist. Zwei Scheidungen vielleicht, ein Streit mit dem Vorgesetzten, Mobbing in der Schule, Einsamkeit im Alter, Aufregung und Angst. Exogene Schocks wie die Pandemie, der Krieg in Europa und die Teuerung – alles hinterlässt Narben auf der Seele, die sich im empathischen Genom abbilden.

Die soziale Umgebung sendet Signale auf den Menschen wie toxische Wellen. Man kann es schlechte Energie nennen. Das Gehirn nimmt sie auf, gibt die Botschaften an die Zellen weiter, die wiederum die Gene ablesen und gegebenenfalls aktivieren oder abschalten. Was sich genau im Kopf abspielt, wie die neuronale Kette der Ereignisse tatsächlich beschaffen ist, darüber weiß die Gehirnforschung noch nicht alles. Vereinfacht erklärt gerät ein Reiz (wie Stress durch das Hormon Cortisol) über einen Rezeptor im Gehirn in den sogenannten Nucleus accumbens. Diese Kernregion ist ein wichtiger Teil des Belohnungszentrums und mitverantwortlich für die Entstehung von Süchten. Codiert wird die Information über die DNA, ausgesendet über die Mikro-RNA und als Protein auf die Reise durchs Hirn hinausgeschickt, wo sie sich am Ende in Gesundheit und Verhalten abbildet.

Gedanken sind die Steuerräder molekularer Prozesse

Die Krux liegt in der persönlichen Einstellung. Gedanken sind die Steuerräder aller weiteren Prozesse. Im Negativen schicken sie einen auf die Einbahnstraße Richtung Klinik oder Friedhof, im Positiven haben sie mehr Anti-Aging-Wirkung als alle Globuli in der Apotheke. Überspitzt gesagt bedeutet das: Gute Gedanken machen den Menschen innerlich wie äußerlich schön.

Meine Kollegen werden mich für solche Aussagen auf dem Altar der Wissenschaft opfern und ausbluten lassen, aber über die Jahre habe ich in meiner Praxis gesehen, was die Wissenschaft heute schrittweise legitimiert. Mind Lifting existiert. Mit der Kraft unserer Gedanken können wir die Silent Inflammation reduzieren und so den Alterungsprozess verlangsamen.

Während sich die Anti-Aging-Medizin bisher darauf konzentriert hat, wie sie diese Entzündungen über die Ernährung bekämpfen kann, entdeckt sie jetzt: Unser Geist und unsere Seele, die Art, wie wir denken und fühlen, wie wir mit anderen Menschen interagieren, wie wir uns in die Welt und die Gesellschaft einbetten, haben auf das Anti-Aging womöglich sogar noch größeren Einfluss als Lebensmittel und Tinkturen.

Der Körper brennt, der Planet auch

Jede chronische Entzündung ist ein Nährboden für schwere Krankheiten. Ich sage, nicht nur der Mensch brennt, auch die Erde. Mir kommt vor, der Planet ist entzündet. Die Silent Inflammation hat globale Ausmaße erreicht. So wie viele Menschen mit ihrem Körper umgehen, so geschunden zeigt sich die Erde. Die Klimaerwärmung als direkte Auswirkung einer Pro-Aging-Attitüde.

Wenn das Innen nicht stimmt, wird das Außen still und leise erhitzt. Es entartet, kollabiert, stirbt und zerfällt zu Staub.

Ich kann mich gut an mein Medizinstudium erinnern. Damals war ausschließlich die Rede von fünf Faktoren, die eine Entzündung ausmachen: Rubor (Rötung), Dolor (Schmerz), Tumor (Schwellung), Functio laesa (gestörte Funktion) und Calor (Hitze). Mit diesen sogenannten Kardinalsymptomen der akuten Entzündung wurden wir geradezu gequält. Die Tatsache, dass die chronische Entzündung, die Silent Inflammation, in ihren Folgen eine viel dramatischere ist, war damals kein Prüfungsthema.

Nur ein Professor sagte einen Satz, den ich bis heute nicht vergessen konnte:»Gesundheit ist das Fehlen von Entzündung.« Wie recht hat er gehabt.

Anti-Aging ist ein Zusammenspiel von Herz und Hirn. Eine aus freiem Entschluss gewählte innere Haltung, die auf ein sinngeleitetes, prosoziales Leben ausgerichtet ist, begünstigt Genaktivitäten, die unserer Jugendlichkeit dienen.

Wenn Menschen ihre sozialen Potenziale ausschöpfen und sich den Wunsch nach einem guten, sinnerfüllten Leben zu eigen machen, wird ihnen das auch helfen, ihre Regenerationsfähigkeit zu stärken und sich jung zu halten.

Mind over matter: Wenn der Geist über dem Nutzen steht

US-Forscher haben dem Trend einen smarten Slogan verpasst:»Mind over matter«. Der Verstand steht über der Angelegenheit, der Geist über dem Nutzen. Ich denke, also bin ich ... jung! Gruß an René Descartes an dieser Stelle. Vielleicht lächelt er aus der Ewigkeit heraus.

Anti-Aging ist nicht nur eine Kopfsache, sondern vor allem eine Entscheidungssache. Die 53 empathischen Gene warten, was Sie tun. Für welches Stück am Konzertflügel entscheiden Sie sich? Bach oder Rammstein? Zartes

Spiel oder Einhämmern, bis die Tasten stecken bleiben? Up to you.

Wie es gelingt, im Einklang mit sich selbst zu leben, damit werden wir uns in den nächsten Kapiteln beschäftigen. Grundsätzlich gelten zwei griechische Wörter, die am Eingang des Apollotempels in Delphi stehen:»Gnothi seauton«(Erkenne dich selbst). Erst wer um sich Bescheid weiß, kann sich in weiterer Folge zum Guten hin ändern. Wer bin ich, was erfüllt mich? Ich zum Beispiel wollte früher entweder Biologe oder Zoodirektor werden. Mein Vater war psychologisch geschickt. Er hat langsam den Kopf geschüttelt und gemeint:»Markus, das kannst du alles gerne machen, aber zuerst mach einmal als Basis das Medizinstudium.« Hätte er es mir oktroyiert, wäre ich heute wirklich Zoodirektor. Aber ich bin Arzt geworden. Jetzt, im fortgeschrittenen Alter, komme ich wieder auf meine kleinen jugendlichen Leidenschaften zurück. Ich züchte Kakteen und beschäftige mich mit Phytohormonen. Ich sammle Schmetterlinge hinter Glas. Ich habe einen Hühnerstall, zwei Schildkröten und viele Goldfische. Und den Tiergarten besuche ich genüsslicher, als wenn ich ihn als Zoodirektor verwalten müsste. Ich schaue vorbei bei den Löwen, den Giraffen und den Vögeln und denke mir, so viele schöne Lebewesen gibt es auf der Welt. Die Artenvielfalt macht uns aus.

Anti-Aging vor 500 Jahren:
täglich 800 Kalorien und Rotwein

Ein langes, erfülltes Leben zu führen, ist der Wunsch der meisten Menschen und war in allen Hochkulturen auch möglich. So wissen wir von drei Pharaonen des alten Ägyptens, dass sie über neunzig Jahre alt wurden. Eine der ersten mythologischen Entstehungsgeschichten der Menschheit aus dem alten Babylon, das Gilgamesch-Epos, handelt von der vergeblichen Suche nach der Pflanze des ewigen Lebens. Die Renaissance war eine Zeit, in der die Suche nach einem möglichst langen und gesunden Leben besonders intensiv betrieben wurde.

Einen der ältesten Anti-Aging-Ratgeber schrieb der italienische Humanist und Schriftsteller Luigi Cornaro: *De la vida sobria* (Vom einfachen Leben). Cornaro wurde 1558 geboren und starb 1650. Der Grund, warum er in der damaligen Zeit stolze 92 Jahre wurde, hat seinen Ursprung in der Lebensweise.

Bis vierzig ließ der Mann so gut wie nichts aus, war Freund von Casanova und hatte dementsprechende Möglichkeiten, dann aber wurde ihm klar: Wenn ich so weitermache, ist es bald aus. Er begriff das Prinzip der Disziplin und verordnete sich einen strikten Lebensplan. Es gab hauptsächlich nur zwei Regeln: jeden Tag 800 Kalorien, dafür aber eine Flasche jungen Rotwein. Das Anti-Aging-Konzept hat so gut funktioniert, dass er mit neunzig Jahren noch ein literarisches Supplement lieferte. Sein Kopf war klar fürs Schreiben.

Die Renaissance ist voll mit solchen Anti-Aging-Storys. So eroberte ein Doge noch mit 102 Jahren Konstantinopel zurück. Auch der Maler Tizian wurde über neunzig. Im Alter steigerte sich sogar die Kreativität. Eines seiner letzten Bilder wirkt, als hätte es ein Expressionist 400 Jahre später gemalt. Tizians bester Freund war der Arzt Gian Giacomo Bartolotti, ein Anti-Aging-Spezialist. Ob Pharao oder Künstler, allen gemeinsam ist, dass sie mit über neunzig hager, also nicht übergewichtig, waren. Das erleichterte ihr Leben im hohen Alter ungemein und ließ sie gut drauf sein. Sich mit Kunst und biologischen Abläufen zu beschäftigen, hielt auch vor 500 Jahren jung.

Denken wir an Schiller:»Es ist der Geist, der sich den Körper formt.« In der von Anglizismen bestimmten Neuzeit hieße das: Good brain, no pain.

Trotzdem leben wir in einer Zeit, die die Balance zwar propagiert, sie aber nicht im Alltag praktiziert, geschweige denn in den Lebensplan integriert.

Die getriebene Gesellschaft

Dahinter steckt eine namenlose Hatz, eine Getriebenheit, der die Menschen unterworfen sind. Nicht maßhalten zu können, ist der Krankmacher Nummer eins. Ich rede nicht einmal vom Sitzen, dem neuen Rauchen, weil sich die Leute immer weniger bewegen, oder von der falschen

Ernährung, wenn einem vor lauter Übermaß der Zucker schon aus den Ohren staubt. Es ist vielmehr der Irrweg, vorbei an der goldenen Mitte. Die Menschen entscheiden sich für das Extreme und fahren damit irgendwann gegen die Wand. Ich sehe in meiner Ordination, wie viele Menschen einen totalen Raubbau an ihrer Gesundheit betreiben. Männer sind übrigens führend, was das betrifft. Wenn sie irgendwann kurz vorm Burn-out sind und hoffentlich keinen Herzinfarkt oder Schlaganfall haben, dann erst beherzigen sie die Ratschläge des Arztes und haben dann große Chancen, noch sehr alt zu werden.

Jeder, wie er meint. Jede, wie sie glaubt. Für die Enden einer Parabel des Lebens gibt es zwei Begriffe: Hedonismus und Eudaimonie.

Den Hedonismus kennen wir, die Lust am Genuss, die Freude am Vergnügen, mehr und immer mehr. Dopamin, her mit dem Glücksbringer, am besten ohne Pause. Der Hedonismus bezeichnet die Religion der Spaßgesellschaft. Das Ich im Vordergrund einer narzisstischen Mehrheit, der es nicht um Nachhaltigkeit geht, sondern darum, jetzt – genau jetzt – wieder einen Trieb zu befriedigen. Die Gier nach der Erregung kennt kein Ende. Ohne Superlative scheint das Konzept Leben zu langweilig zu sein, unlustig.

Aristoteles schuf einen verhaltenspsychologischen Gegenentwurf. Die Eudaimonie stammt aus der antiken Philosophie und bezeichnet eine gelungene Lebensführung. Ein Dasein nach den Anforderungen und Grundsätzen der Ethik und der damit verbundene Gemütszustand der Ausgeglichenheit. Aristoteles war kein Hektiker. Er musste keiner Straßenbahn nachrennen, keine Termine wahrnehmen und auch nicht in Konferenzen sitzen, die ihn vom Denken abhielten.

Eudaimonie wird gerne fälschlicherweise mit Glück oder Glückseligkeit verwechselt. Die deutsche Sprache hat dafür ein schönes Wort: Zufriedenheit. In dem Wort steckt der Frieden. Es ist schlicht und ergreifend die Entscheidung, nur für sich ein guter Mensch zu sein und von allfälligen Entartungen abzusehen. Die empathischen Gene werden's einem danken.

Die Wissenschaft entdeckt die Eudaimonie

Nachdem Steven Cole seine Entdeckung rund um die empathischen Gene veröffentlicht hatte, publizierte seine Kollegin Barbara Fredrickson im Juli 2013 parallel dazu eine Studie mit dem Titel *A functional genomic perspective on human well-being.*

Die Forscherin hatte dazu achtzig Probanden in zwei Gruppen geteilt. Die einen sollten hedonistisch leben und die anderen eudaimonisch. Nach ein paar Wochen verglich man die klinischen Werte der Teilnehmerinnen und Teilnehmer und entdeckte Erstaunliches. Die Eudaimonie-Gruppe hatte merkbar geringere Entzündungswerte. Eine gelungene Lebensführung macht die Menschen nachweislich gesünder, sorgt für Wohlergehen und hält den Körper jung, in jedem Alter.

Allerdings lauern hinter jeder Ecke Verlockungen, die einem das Anti-Aging vermiesen. Die Verheißungen sind allgegenwärtig und als die sieben Todsünden im Christentum subsumiert: Trägheit, Völlerei, Neid, Zorn, Habgier, Wollust und Hochmut. Sie alle wirken auf das Gehirn ein wie süßes Gift, beeinflussen unser Tun und machen Lust auf mehr Unbill.

Die sieben digitalen Todsünden

In der heutigen Zeit haben sich die Gesichter der Sünden nicht verändert, nur digitalisiert. Für jede Todsünde gibt es sogar eine passende App:

Netflix für die Trägheit.
Lieferando für die Völlerei.
Instagram für den Neid.
Twitter für den Zorn.
Amazon für die Habgier.
Tinder für die Wollust.
LinkedIn für den Hochmut.

Willkommen im Jahr 2023. In Wahrheit sind es Charaktereigenschaften, die ins Extreme abgleiten und dafür sorgen, dass wir schneller alt werden.

Die Faulheit, auf Latein *Acedia*, bezeichnet die Trägheit des Herzens. Der Mensch rafft sich nicht auf, etwas zu schaffen oder sich Gutes zu tun. Der Lockruf der Couch wird zu einem Sirenengesang, die neue Serie schreit: »Stream mich!« Die Digitalisierung, so gut sie auch ist, hat die Bewegung abgeschafft. Der Mensch wird zum Stubenhocker mit WLAN. Zum NPC, zu einem Non-Player Character, wie das in Computerspielen heißt. Die Ignoranz lässt sich überwinden. Wie, das werden wir im Laufe des Buches noch sehen.

Der Neid ist die einzige Sünde, die keinen Spaß macht. Er entspringt dem Drang, sich mit anderen zu vergleichen und immer mehr zu wollen, als man hat. »Wer neidet, der leidet«, sagt man. Der Neid hat sogar zwei Farben: Gelb und Grün. Neidisch kann man auch auf Menschen sein, die weniger haben als man selbst. Die Arbeitslosen, die auf unsere Kosten leben. Die Griechen, die schöne Inseln haben, Schulden anhäufen und unser Geld wollen. Missgunst und Ressentiments beherrschen das Web, der Hass blüht wie eine schwarze Dahlie.

Aristoteles hat es so ausgedrückt: »Ein leidenschaftliches Unlustgefühl ist nämlich allerdings auch der Neid, und zwar bezieht auch er sich auf das Glück eines anderen, aber nicht auf das eines Unwürdigen, sondern auf das eines, der nach Berechtigung und Stellung im Leben unsers Gleichen ist.«

Im Werk *Metaphysik der Sitten* beschrieb Immanuel Kant den Neid als »Hang, das Wohl anderer mit Schmerz wahrzunehmen, obzwar dem seinigen dadurch kein Abbruch geschieht«. Unterschreibe ich sofort.

Parasiten der Seele machen
uns alt und krank

Die kleine Schwester des Neids ist die Eifersucht. Sie nagt an der Seele wie ein Parasit. Krankhaft eifersüchtige Menschen sind Getriebene der eigenen Wahnvorstellung. Ihnen kommt schon ein blondes Haar auf dem eigenen Sakko verdächtig vor. Sie leben permanent in Unrast.

Die Völlerei lässt uns in die Breite gehen und schmälert den Blick aufs Wesentliche. Kalorien aus dem Mastbetrieb der Gaumenfreude füttern wiederum die Gier. In der buddhistischen Ethik ist die Gier eines der drei Geistesgifte, das übersteigerte Streben nach Besitz. Eng verwandt mit der Gier ist auch der Geiz, die übertriebene Sparsamkeit. Gier heißt auf Latein *Avaritia* und hält stets Ausschau, wie man mehr bekommt von dem, was man schon hat. Ihr Bote ist das Dopamin. Ins Bett zur Gier legt sich gern eine nymphomanische Nichte, die Wollust, der Drang nach Ausschweifung und fleischlichem Genuss. Pornhub zeigt, wie es nicht ist.

Im Zorn wiederum stecken die Rachsucht, Wut, Vergeltung. Wütende Menschen haben verzerrte Gesichter, Fratzen. Das Gesicht altert im Zeitraffer.

Wenn Sie sich den Dalai-Lama anschauen: Mit über achtzig sieht er aus wie ein groß gewachsener Säugling. Das Gesicht glatt, der Blick sanftmütig, friedlich in sich ruhend. Da sind die Interleukine im Keller eingesperrt wie schlechte Angewohnheiten, die man abgelegt hat.

Hochmut, Mut und Demut

Mit dem Mut ist das auch so eine Sache. Er lässt sich steigern und wird zum Hochmut, zur Eitelkeit. Er lässt sich auch abmildern und wird zur Demut. Hochmütige Menschen haben kein Selbstbewusstsein. Demütige Menschen tragen die Weisheit in sich. Ich habe einen Freund, der die Demut mit einem Bild erklären kann. Er sagt: »Wenn ich in die Kapelle gehe, nehme ich einen Besen und kehre den Staub zusammen. Das ist Beten für mich.« Oder, sagen wir, Meditation.

In Wahrheit geht es darum, den Narzissmus zu dämpfen, die Selbstliebe, die sich bei manchen ins Unermessliche aufschwingt. Es gibt Menschen, deren Ego hat eine eigene Postleitzahl. Die vier Es des Narzissmus sind: Egozentrizität, Entwertung von anderen, Empfindlichkeit, was die eigene Person betrifft, und Empathiemangel. Hier sind wir wieder bei den Genen und den leisen Entzündungen, befeuert durch die Getriebenheit einer verirrten Geisteshaltung. Die Band EAV hat das seinerzeit richtig erkannt:»Das Böse ist immer und überall.«

Die Messwerte der biochemischen Risiken

Die Frage ist: Kann man den eigenen molekularbiologischen Istzustand feststellen? Kann man das irgendwie messen? Lässt sich klären, ob man in Zellen versteckte Feuersbrünste hat oder nicht? Gute Nachricht: Ja, das geht.

Entscheidend ist das Verhältnis von Omega-3 zu Omega-6.
Die Fettsäuren zeigen, ob es im Körper Entzündungen gibt
oder nicht. Einfach ausgedrückt ist das Omega-3 das gute
Zeug und das Omega-6 das böse.

Ein japanischer Fischer aus Okinawa, der sich sein Leben lang von Lachs ernährt hat, wird im Blut ein Verhältnis von fünfzig zu eins haben, also fünfzig Teile Omega-3 und einen Teil Omega-6. Das ist exzellent. Bei einem Fußballer, der auf dem Spielfeld plötzlich tot umfällt, wird es genau umgekehrt sein: fünfzig Teile Omega-6 auf einen Teil Omega-3. Das ist gefährlich.

Außerdem entscheiden bei einer Blutabnahme noch andere Werte, ob der Körper für eine Silent Inflammation anfällig ist oder nicht: das hsCRP und das HDL. Das C-reaktive Protein, kurz CRP, ist ein Entzündungsparameter. Als normal gilt ein Wert bis 5 mg/l Blutserum. Werte bis fünfzig deuten auf eine leichtere Krankheit hin, bei Werten über hundert schreit alles nach der Feuerwehr.

Das HDL wiederum kennen Sie sicher vom Cholesterin. Ausschlaggebend ist hier das Verhältnis im Fettstoffwechsel zum LDL, dem guten Cholesterin. Und auch das der Triglyzeride zum HDL. Der Zuckerstoffwechsel macht's aus. Ist er gestört, altert der Mensch im Zeitraffer. Gemessen wird er mit dem nüchternen Insulinwert. Was den generellen Entzündungsstatus betrifft, klären Sie diesen bitte mit dem Arzt Ihres Vertrauens ab.

Warum die Japaner alles richtig machen

Ich darf kurz etwas von Japan erzählen. Für uns Anti-Aging-Mediziner sind die Japaner extrem spannend. Weil sie diesbezüglich alles richtig machen. Das ist unglaublich. Bestätigt durch Empirie. Der Japaner ist nicht unbotmäßig, immer kontrolliert.

Bei einem Vortrag vor fünfzehn Jahren in Kyoto war ich in der Früh im Speisesaal eines internationalen Hotels und sah mir genau an, wie das Frühstück eines Japaners und das eines Amerikaners aussahen. Man musste sich ja wundern. Ich dachte mir, der US-amerikanische Geschäftsmann müsste eigentlich gleich tot umfallen. Furchtbar, was da auf den Teller kam und wie viel Fett. Während die Japaner kaum Kohlenhydrate zu sich nahmen. Eine Suppe vielleicht, aber kein Gramm Zucker. Es gibt nichts Süßes in Japan. Auch das, was sie als Dessert bezeichnen, hat mit Patisserie in unserem Sinn nichts zu tun. Am Abend ist mir schwummrig geworden, ich bin vor lauter Unterzuckerung fast kollabiert und habe verzweifelt nach einem Würfelzucker gesucht. Den findet man aber nicht, weil sie keinen Zucker haben.

Wir waren dann noch mit einer Wirtschaftsdelegation in Tokio. Die Geschäftsleute wollten eine große Firma kaufen. Deswegen bekamen wir alles gezeigt und erklärt, was sehr wichtig war – die Schrift fremd, die Sprache ein Singsang. Ich konnte sehen, welche Lebensmittel der Handel bot.

Die Japaner sind Weltmeister der Fermentation. Zu Ihrer Information: Fermentierte Produkte sind besonders entzündungshemmend und Anti-Aging-fördernd. In Japan gibt es zum Beispiel im Supermarkt 150 verschiedene Essigsorten. Bei uns redet man groß über Fleischersatz und die Amerikaner über irgendwelche Zellkulturen. Die Japaner jedoch machen das seit Jahrtausenden. Sie fermentieren Sojabohnen in verschiedenste Richtungen.

Eine Anti-Aging-Bombe mit dem höchsten Spermidin-Gehalt ist Natto oder Tofu bis hin zu einer Spezialfermentation. Da kommt ein Produkt raus, ich schwöre – und ich bin jetzt auch nicht auf einem Bauernhof aufgewachsen –, ich bekam da etwas serviert, was ich nicht für möglich hielt. Ich fragte:»Wo ist diese Gänseleberpastete her, habt ihr die aus Frankreich importiert?« Es war nichts anderes als Tofu, nur speziell verarbeitet.

Eine Frage der Einstellung: fit im Kindesalter

Die Einstellung zum Leben, der Respekt und die Demut haben in Japan einen hohen Stellenwert. Ernährung, Sport, das Zähmen negativer Gedanken – sie machen auf natürliche Weise alles richtig, während wir im Westen Selbstmord mit Messer und Gabel betreiben. Aber bitte, jeder, wie er will. Ich zeige auf niemanden und sage, tu das nicht.

In Japan gehört die Gesundheit zur Volkskultur – schon von der Kindheit an. Da gibt es Micky-Maus-Hefte, die das Thema »Ernährung« auf spielerische Weise behandeln, aber lustig. Es ist gescheit, schon die Kleinen zu begeistern. Für das Anti-Aging kann man so viel lernen.

Ich habe in Tokio dann noch Badeanstalten besucht, Schwitzbäder namens Daikoku-yu. Da war niemand fett. Ich war der Dickste dort! Ich wollte wissen, wie das mit den Sumo-Ringern ist, und ein Einheimischer sagte: »Die holen wir uns aus Amerika.« Sumo-Ringer kriegen Burger und Fertigpizza. Sie dürfen essen, was sie wollen, und stopfen in sich hinein, was sie können. Sehr alt werden sie nicht.

Wenn Anti-Aging alt macht

Kopfsache jung – mit diesem Buch will ich Ihnen helfen und Sie entscheiden, wie und wann. Es ist ein Arbeitsbuch. Ein Guide, der Mut machen soll. Es zeigt, wie Sie jung bleiben – mit Geist und Seele.

Am Ende jedes Kapitels stehen Vorschläge für konkrete Übungen, die aus meinen Erfahrungen und aus Rückmeldungen von Patienten entstanden sind. Tipps, die leicht umzusetzen sind.

Aber bitte Vorsicht. Nicht jede Übung passt für jeden Menschen. Es kann den Alterungsprozess sogar vorantreiben, wenn wir mit großer Disziplin die für uns falschen Anti-Aging-Routinen durchführen. Denn das setzt uns unter Stress. Stress führt zur Produktion des Stresshormons Cortisol und das ist ein Entzündungsförderer. Der Teufelskreis schließt sich.

Die Übungen sollen Spaß machen, erst dann haben sie einen Sinn. Dasselbe gilt übrigens auch für Sportarten, die wir ohne Freude und Leidenschaft ausüben. Wer nicht gerne laufen geht und sich zwingen muss, die Sportschuhe anzuziehen, wird keine Freude haben, schon gar nicht mit einem Marathon, der einem mehr abverlangt, als der Körper verträgt. Auch vermeintliche Superfoods, die wir lustlos mampfen, bringen keinen Anti-Aging-Effekt, eher das Gegenteil.

Das Geheimnis liegt im bewussten Tun: Sein mit Sinn. Und es will gut gelebt sein. Alles, was uns Freude bereitet, macht sich auf zellulärer Ebene bemerkbar. Das Interleukin-6 wird eingedämmt, der molekulare Brand gelöscht und das Gesicht strahlt auf einmal.

Fünf einfache Übungen für ein längeres Leben

Mein Vorschlag ist, dass Sie sich von allen Übungen fünf aussuchen, die sich leicht in Ihren Alltag integrieren lassen. Fünf kleine Übungen mit großer Wirkung, um die Kraft der Gedanken zu aktivieren und dem Körper die Juvenilität zurückzugeben, die er haben könnte.

In den nächsten neun Kapiteln geht es um ein großes übergeordnetes Thema, das vielleicht das wichtigste unseres Lebens – wichtiger als Glück, Liebe, Erfolg und Reichtum – ist. Es geht um Zufriedenheit und die Auswirkungen dieses Zustands auf unseren Alterungsprozess.

Um die Zufriedenheit, die wir erlangen, wenn wir positiv denken oder uns etwa in Dankbarkeit üben, aber auch, indem wir Menschen identifizieren, die uns alt machen, und jene, die uns jung halten. Denn beide gibt es wirklich: Krafträuber und Frohboten.

Kapitel drei

POSITIV GEDACHT SIND SIE JUNG

Wenn Sie glauben, positives Denken sei ein alter Hut, haben Sie recht. Und doch kann er Sie so viel jünger aussehen lassen. Das Geheimnis lautet Eudaimonie und stammt von Aristoteles.

Die Haut ist eine Leinwand, die die Schönheit unserer Gedanken abbildet. Gute Gedanken erscheinen in hellen Farben, mit leichter Hand hingeworfen, die Motive heiter und schön. Der Mensch strahlt, leuchtet von innen und was man sich in der Literatur und den Werbeagenturen der Kosmetikindustrie noch so alles einfallen lässt, um die Wirkung eines gesunden, glatten Hautbilds zu beschreiben.

Schlechte Gedanken zeichnen ein anderes Bild. Sie verewigen sich in graustichigen Farben, die Konturen sind wie von jemandem, der zu fest aufdrückt, ins Gesicht graviert, die Motive düster und freudlos. Der Mensch wirkt verhärmt, wie innen ausgebrannt.

So ungefähr könnte man sich die Kunst des positiven Denkens vorstellen. Den Künstlerbedarf liefert dabei der Körper, gemalt wird mit Wasserfarben. Sie tunken den Pinsel in die Gewebsflüssigkeit, die im Hautgewebe gespeichert ist. Die Mischung bestimmen Turgor und Tonus. Der Turgor gibt die Menge der Flüssigkeit in den intra- und interzellulären Räumen des Hautgewebes an. Der Tonus ist ein Kennzeichen für die Elastizität, die von diesem Flüssigkeitsgehalt und den Eigenschaften der kollagenen Fasern abhängt.

Kurz gesagt: Der Turgor ist die Grundspannung der Haut. Haben wir zu wenig Wasserfarbe in den Zellen, trocknet die Leinwand im Gesicht aus und wird zu Pergament.

Was die Farben und Konturen betrifft, ist die Sache etwas komplizierter. Wir alle kennen Menschen mit solchen

Gesichtern, den leuchtenden wie den finsteren. Und wenn wir diese Porträtsammlung schnell einmal geistig durchstöbern und das Erscheinungsbild mit dem Charakter verbinden, werden wir kaum Überraschungen erleben. Die, die uns strahlend und jung vorkommen, sind nicht die Pessimisten dieser Welt, und die mit der düsteren Ausstrahlung, die im Vergleich dazu alt ausschauen, sehen das Leben nicht allzu optimistisch. Zumindest ist das meine Erfahrung, wenn ich mich in meiner Porträtgalerie umschaue.

Pattstellung in der Wissenschaft

Wissenschaftlich sind diese Vergleiche natürlich nicht. Überhaupt konnte die Forschung bis heute nicht restlos klären, ob das positive Denken uns tatsächlich besser bekommt als die ständige Schwarzmalerei. Studien, die der Zuversicht positive Effekte auf die Gesundheit zuschreiben, stehen Untersuchungen gegenüber, die daran zweifeln lassen. *Die Zeit* etwa stellte eine Arbeit des amerikanischen Psychologen Daniel Spiegel, wonach gute Gedanken die Heilung von Patientinnen mit Brustkrebs unterstützten, einer Studie des renommierten amerikanischen Psychologen James Coyne gegenüber, der nachrechnete, dass sich emotionales Wohlbefinden bei Patienten mit Krebs im Kopf-Hals-Bereich in der Lebenserwartung nicht niederschlug. Das sind nur zwei Beispiele von vielen, in denen man sich außerdem auf spezielle Erkrankungen konzentrierte.

Bewegung in diese Pattstellung kam 2009 mit einer Metaanalyse vom Institut für Educational Research and Public Service an der *University of Kansas*, in der die Psychologin Heather Rasmussen aus 83 Studien herausfilterte, dass sich Optimismus signifikant positiv auf das physische Befinden auswirkte. Und zwar unabhängig von Alter, Geschlecht oder Nationalität, vom allgemeinen Gesundheitszustand und von den Organsystemen, die untersucht wurden. Die Wirkung zieht sich quer durch: Gute Gedanken haben einen Einfluss auf uns. Und wenn auch allein aus dem Grund, wie selbst skeptische Wissenschaftler zugestehen, dass wir mit guten, zuversichtlichen Gedanken eher an eine Heilung glauben, uns weniger in die Symptome hineinsteigern und bereitwilliger bei Behandlungen mitmachen.

Schützenhilfe aus der Hirnforschung

Eine neuronale Grundlage dafür liefert die Hirnforschung. In einer Studie ließ sich feststellen, wie unsere Gehirnhälften mit Optimismus und Pessimismus in Zusammenhang stehen. Der linken Hälfte konnte die heitere Lebenseinstellung zugeordnet werden, die in allem mehr Möglichkeiten als Schwierigkeiten sieht. Umgekehrt nimmt die rechte Hälfte mehr Schwierigkeiten als Möglichkeiten wahr und wurde mit der düsteren Sicht der Dinge assoziiert. Diese Gehirnhälfte vermittelt uns in einer ihrer Aufgaben als Alarmsystem im Körper eher

Angst und Stress. Ist sie besonders aktiv, lässt sie sich sogar mit Depressionen in Verbindung bringen.

Die Psychologen Marie Forgeard von der *University of Pennsylvania* und Martin Seligman verdichteten den Verdacht. Ihre Studie ergab, dass bei optimistischen Menschen chronische Erkrankungsprozesse, wie etwa Arteriosklerose, langsamer fortschreiten, während Erholungsprozesse, zum Beispiel nach Operationen, dafür schneller verlaufen. Beides gute Zeichen im Hinblick auf Anti-Aging. Außerdem erschien das mit Optimismus gefütterte Immunsystem stärker und die weißen Blutkörperchen, unser Verteidigungstrupp gegen Infektionserreger und Schadstoffe, wiesen eine längere Lebensdauer auf. Übrigens ebenso wie die zuversichtlichen Menschen selbst, die auch nach schweren Krankheiten länger überleben als genesene Pessimisten. Forgeards und Seligmans Studie führt das auf abgeschwächte Entzündungsprozesse im Körpergewebe zurück. Auch das positive Denken ist einer unserer Brandlöscher.

Martin Seligman ist übrigens Experte in beiden Lagern, der Zuversicht und der Verzweiflung. Er forschte viel auf dem Gebiet der Depressionen, wo er den Begriff der »erlernten Hilflosigkeit« prägte. Es geht dabei um Menschen, die überzeugt sind, die Fähigkeit verloren zu haben, ihre Lebenssituation zu ändern. Die Beschäftigung mit dem Optimismus machte ihn indessen zu einem Pionier der positiven Psychologie, die ihn auch als Bestsellerautor bekannt machte.

Sonnige Gedanken aus der Psychologie

Die positive Psychologie befasst sich mit den Sonnenseiten des Lebens. Nach 1945 war die Psychologie auf die menschlichen Probleme und deren Behebung ausgerichtet. Verständlich, denn noch war das nackte Überleben dominanter als das gute Leben. Die Aussicht auf Zufriedenheit, geschweige denn auf so etwas wie Erfolg war verstellt von Ängsten und Sorgen.

Die Selbstverwirklichung und das Schöpferische am Menschen rückten erst Ende der Fünfzigerjahre mit der humanistischen Psychologie etwas mehr ins Interesse. Ihr Begründer Abraham Maslow verwendete 1954 auch erstmals den Begriff der positiven Psychologie. Selbst in den zehn Jahren vom Ende der 1980er- bis zum Ende der 1990er-Jahre erschienen etwa 170.000 psychologische Artikel über Probleme und Angst. Gute Gefühle wie Optimismus oder Glück wurden gerade einmal in 12.000 Beiträgen behandelt. Um ihre angeschlagenen Seelen zu kurieren, ließ man Patienten schwierige Lebenssituationen immer wieder durchleben.

Es sollte noch bis 1998 dauern, bis Martin Seligman den Begriff der positiven Psychologie wieder aufgriff und einen grüneren Forschungszweig daraus machte, der sich auf die Stärken des Menschen besann, auf seine guten Eigenschaften, seine positiven Erfahrungen, eben auf die Zutaten für ein erfüllendes Leben. Die Erinnerung an Aristoteles' Eudaimonie liegt nicht nur zufällig nahe. Die Forschung konzentrierte sich nun auch auf das, was zufrieden und glücklich macht.

Eudaimonie im neuen Jahrtausend

Da war sie wieder, die eudaimonische Lebensführung, die uns jung erhält und strahlen lässt. Denn der Optimismus ringt uns auch dann ein Lächeln ab, wenn etwas schiefgegangen ist. »Mach dir keine Vorwürfe«, sagt er, »beim nächsten Mal kannst du es besser.« In dieser Lebenseinstellung ist auch ein Schuss Stoa enthalten: Halte dich nicht auf mit dem, was du nicht ändern kannst, kümmere dich um das, was du beeinflussen kannst.

Der Pessimismus ließe so ein Lächeln nicht leicht aufkommen. »Niemand ist perfekt«, raunzt er, »und du schon gar nicht. Du bist heute gescheitert und du wirst auch morgen scheitern.« Von solchen Aussichten bekommt ein Gesicht keinen milden, sonnigen Zug um den Mund. Von solchen Aussichten wird die Seele zerfressen und der Körper versengt. Es entzünden sich Krisenherde in uns, die die Wasservorräte verdunsten lassen. Die schwelenden Feuer trocknen die Haut aus. Die Leinwand, auf der die Schönheit unsere Gedanken abbildet, wird zu Pergament.

Gedanken positiv programmieren

Vielleicht haben Sie schon von *Biohacking* gehört. Ist groß im Trend, eine Kombination aus Biologie und Technik, mit der man seine Lebensweise und damit seinen Körper und Geist optimieren kann. Do-it-yourself-Biologie, wie es Wikipedia nennt. Eine kleine Gruppe von Biologen begann 2005 in den USA, an der Universität von Cambridge in Massachusetts, den Körper wie einen Computer zu hacken. Ihre Idee war es, nach den Schwachstellen im Körper zu suchen, um auf Zellebene optimale Bedingungen für mehr Leistung und weniger Alterung zu schaffen.

Sämtliche körperlichen Funktionen und Prozesse hängen von den Aktivitäten in den Zellen ab. Zu viele freie Sauerstoffradikale und zu wenige Antioxidantien im Organismus erzeugen oxidativen Stress und somit auch inflammatorischen Stress. Unsere Energiekraftwerke, die Mitochondrien, arbeiten dann nur noch mit halber Power. Innerlich macht uns das müde und antriebslos, äußerlich tragen wir unser Pergamentgesicht.

Ich bin durch einen Freund auf das Biohacking neugierig geworden, der mir von Kältekammern und Lichthöhlen erzählte, aber auch von Neurofeedback und mentaler Umprogrammierung auf das Positive. Das brauchte er mir als Anti-Aging-Arzt nicht zweimal zu sagen. Ich fuhr in ein Institut in der Schweiz, um dieses Biohacking auszuprobieren. Konkret nach Toggenburg im Kanton St. Gallen, wo mich eine Meisterin des Biohacking in die Materie einführte. Ich machte alles mit – Kälte, Licht, Gehirnstrommessungen. Im Grunde wurde die gesamte Klaviatur unserer 53 empathischen Gene harmonisch aktiviert.

Es geht um Frequenzen. Musik, Farben, die Kraft der Gedanken – sie alle lösen Schwingungen aus, die in Harmonie gebracht werden sollen. Wir bestehen aus Elektrizität. Sie ist der Unterschied zwischen Leben und Tod. Eine Hand im Seziersaal sieht nicht anders aus als eine Hand, die auf unserem Arm liegt. Was fehlt, ist nur der Strom. Die Schwingung belebt uns. Wir merken es schon, wenn wir nur summen. Die Gesänge auf dem Berg Athos, das Om der indischen Meditation, das alles bringt den gesamten Körper ins Vibrieren und nach zehn Minuten ist man Teil einer anderen Schwingung.

Und dann kam das Neurofeedback. Ich bekam eine Kappe mit Elektroden und wurde vor einen Fernsehschirm gesetzt, die schwedische Meisterin saß an einem Laptop. Ich sollte mir einen Film ansehen, *Die Wunderübung* nach einem Buch von Daniel Glattauer. Erwin Steinhauer behandelt als Psychotherapeut ein Paar, das in der Krise steckt, indem er mittendrin von seiner eigenen Trennung erfährt. Ich glaube, so eine Therapie nennt man paradoxe Intervention – egal. Ich fand den Film sehr spannend. Ab und zu wurde das Fernsehbild kleiner und kleiner, bis es so winzig war, dass ich mich wirklich anstrengen musste, um den Film verfolgen zu können, dann vergrößerte es sich wieder. Ich musste mich sehr konzentrieren, was natürlich die Gehirnströme beeinflusst.

Die Meisterin war überaus zufrieden mit meinen Alphaströmen. Sie seien ein Zeichen von Jugendlichkeit und für mein Alter hätte ich davon noch recht viele. Mit der Konzentration auf die veränderte Bildgröße könne

man die Alphawellen steigern und das hatte ich gerade
45 Minuten lang gemacht.

Nach der Behandlung hatte ich Lust auf einen Spaziergang. Die Gegend um Toggenburg, eine Geburtsstätte
verschiedener reformatorischer Bewegungen, ist wun-
derschön. Man hat nicht das Gefühl, in Europa zu sein,
ich kam mir vor wie in Nepal. Als ich eine Zeit lang gegangen war, fiel mir auf, dass mir alle anderen Spazier-
gänger nachsahen. Es dauerte ein bisschen, bis mir auch
selbst auffiel, warum. Es war meine Gangart. Ich bewegte
mich wie ein Kind, ging wie ein Fünfjähriger. Ich schmiss
meine Beine herum, schlenkerte mit den Armen, locker,
pfeifend und alles andere als in einer geraden Linie. Es
muss sehr komisch ausgesehen haben.

Mein Personal Trainer hat mir einmal gesagt, um meine Rückenschmerzen wegzukriegen, müsste ich schwingen, die Arme, die Beine, am besten meinen ganzen Körper, und genau das tat ich jetzt. Die Meisterin lächelte,
als ich ihr von meinem Ausflug in die Kindheit erzählte. Klar, sagte sie, die Alphawellen hätten mein Hirn neu
programmiert.

Wir können also unser Gehirn erziehen, es verjüngen,
uns wieder unsere spielerische Kindlichkeit zurückholen,
mit der wir ständig Neues entdeckten. Wir können unsere
eingefahrenen Pfade verlassen und – auch wenn es noch
so abgedroschen klingt – mit offenen Augen durchs Leben
gehen. Das alles haben wir als Erwachsene verlernt. Aber
das ist es, was Jugend ausmacht.

Gehen war auch schon vor meinem Trip in die Schweiz ein Jungbrunnen für mich. Wenn ich gehe, bin ich wieder geerdet und geortet. Ich brauche keinen einsamen Wald dazu, ich flaniere genauso gern am Donaukanal entlang oder schlendere durch die Stadt und immer wieder entdecke ich dort auch Neues.

Ich werde mir jetzt die Schuhe anziehen und einen Rundgang machen, kleines Anti-Aging-Programm, und wenn mir mein Handy am Abend 10.000 Schritte anzeigt, bin ich zufrieden.

Übungen, die Ihnen zu Gesicht stehen

Übung Nummer eins: Martin Seligman hat in seinen Anfängen sein Trainingsprogramm an zwölf klinisch depressiven Patienten und Patientinnen getestet. Ihre Aufgabe war es, jeden Abend etwas Positives aufzuschreiben. Sie sollten sich ihrer Stärken bewusst werden und sie auch einsetzen. Zeitgleich sprach er mit einer anderen Gruppe nur über ihre negativen Gefühle. 14 Sitzungen später waren alle in der Gruppe der positiven Denker glücklicher als die, die ihre Miseren durchgekaut hatten. Schreiben Sie also bitte drei liebenswürdige Aussagen auf, die in Ihrem Nachruf stehen sollten.

Übung Nummer zwei: Formulieren Sie kleine Entscheidungen, die Sie täglich treffen, positiv. Sie entscheiden sich nicht *gegen*, sondern immer *für* etwas.

Übung Nummer drei: Stoppen Sie negative Gedanken, die drauf und dran sind, Sie einzukreisen, mit einem Mantra. Das kann ein Wort sein, »Freude« oder »Juhu«. Oder ein Satz: »Ich fasse neuen Lebensmut und alles, was ich tu, wird gut.« So heißt übrigens auch das Buch von Alexandra Grünwald, in dem sie solche Mantras anbietet.

Übung Nummer vier: Üben Sie sich in Offenheit. Neugier ist ein Vorrecht der Jugend. Sie macht uns unvoreingenommen und mutig, sie begeistert uns, sie nährt die Freude am Unbekannten und sie erzieht unser Gehirn. Ein paar Anregungen: Legen Sie doch einmal den gemischten Insektenteller in den Einkaufskorb. Gehen Sie allein in ein Lokal und sprechen Sie einen fremden Menschen an. Tragen Sie eine Farbe, die Ihnen sonst zu gewagt erscheint. Gehen Sie auf ein Konzert, obwohl Sie die Band nicht kennen. Lernen Sie Japanisch, auch wenn Sie nie hinfahren werden. Tanzen Sie, als würde Sie niemand dabei beobachten. Oder gehen Sie einfach durch Ihren Ort.

Kapitel vier

DANKBARKEIT UND DEMUT

Wollen Sie Bauchschmerzen, Kopfweh, Schwindel und Verspannungen loswerden? Das Rezept ist simpel: Seien Sie dankbar und sie sind weg.

Es ist eine interessante Familie, in der die beiden Schwestern aufgewachsen sind: Dankbarkeit und Demut, fast Zwillinge in ihrer Ausrichtung und bestens befreundet mit der Uneigennützigkeit. Und dann diese beiden großen Brüder: ein ganzer Kerl namens Mut und der Hochmut, der in der Verwandtschaft dieses Anti-Aging-Klans so völlig aus der Art schlägt. Wir sind den beiden in diesem Buch schon begegnet, jetzt stecken sie die Köpfe noch einmal zu uns herein.

Der Hochmut ist nicht nur das schwarze Schaf in dieser hochweißen Familie, er ist das schwärzeste Schaf im christlichen Kodex. Und nicht nur dort. Sein schlechter Ruf zieht sich quer durch die Religionen. Mir gefällt besonders eine persische Mystikergruppe, die Derwische, deren Mitglieder ein Schwert bei sich tragen, das keinerlei militärische Bedeutung hat, sondern ausschließlich dafür da ist, das Pflänzchen des Hochmuts zu beschneiden. Es ist eine tägliche Pflicht. Das Pflänzchen wächst schnell und unaufhaltsam. Aus den zarten Blättern des gesunden Selbstvertrauens wird Überheblichkeit, so schnell kann man überhaupt nicht schauen. Und von dort ist es nicht mehr weit zu der Überzeugung, über anderen zu stehen. Um das gar nicht erst aufkommen zu lassen, muss man dem Hochmut jeden Morgen aufs Neue eins auf den Deckel geben und das frisch nachgewachsene Stück stutzen.

Ich halte das für eine gute Übung – im Allgemeinen und speziell im Sinne des Anti-Agings. Das Schwert, das wir dazu benötigen, braucht keine scharfe Klinge aus

Stahl, sie ist aus einem viel sanfteren Material geschmiedet. Sie besteht aus simpler Dankbarkeit, die sich mit der Kraft der guten Gedanken gegen den rebellischen Bruder Hochmut stellt.

Dankbarkeit als Wissenschaft

Die wissenschaftliche Erforschung der Dankbarkeit ist eine junge Disziplin. Einer ihrer Pioniere ist Robert Emmons, Professor der Psychologie an der *University of California*. In einer zentralen Studie erarbeitete er schon 2003 mit drei Testgruppen, wie viel die Dankbarkeit zu unserem Wohlbefinden, also zu unserer Eudaimonie, beiträgt. Die erste Gruppe ließ er ein Dankbarkeitsjournal führen, in das die Teilnehmer alles eintragen sollten, was sie den Tag über dankbar gemacht hatte. Die zweite Gruppe notierte, was mies gelaufen war, die dritte schaute neutral auf den Tag. Nach zehn Wochen zeigten sich unter denen, die täglich über ihre Dankbarkeit nachdachten und ihre Gedanken niederschrieben, mehr Optimismus und Lebensfreude. Die Probanden fühlten sich vitaler, machten mehr Sport und hatten weniger Bauchschmerzen, Kopfweh, Schwindel und Verspannungen.

Aus wissenschaftlicher Sicht diskutierte man, ob das wirklich allein der Dankbarkeit zu verdanken war. Sie existiert ja nicht aus dem Nichts heraus, man ist dankbar für etwas oder jemanden. Es wirken sich also auch soziale Begleiterscheinungen auf das Wohlbefinden aus.

Oder vielleicht ist es auch nur das positive Denken, aus dem sich das Gefühl der Dankbarkeit formt. Als Wissenschaftler verstehe ich die Überlegung. Persönlich kommt es mir nicht so sehr drauf an, woher die gute Wirkung rührt. Es freut mich, dass es eine gibt und dass sie uns jung hält.

Als Robert Emmons anfing, sich mit dem Thema zu beschäftigen, belächelte man ihn, heute gilt er weltweit als Experte. Psychologen aller Himmelsrichtungen stimmen mit ihm überein, dass Dankbarkeit eine Arznei ist, die vieles verhindert, lindert oder zu heilen hilft.

Der Psychologe Alex Wood fand in einer Studie 2010 heraus, dass dankbare Menschen seltener an depressiven Verstimmungen und Stress leiden. Sie haben seltener Angstsymptome, kippen seltener in eine Nikotin-, Drogen- oder Alkoholsucht und es gibt weniger Suizidversuche. Bei Angst, Depressionen oder Suchterkrankungen kann man sich das mit einiger Logik gut vorstellen. Dankbarkeit und schwarze Stimmungen können nicht gleichzeitig nebeneinander existieren. Auch Gefühle wie Neid, Wut und Eifersucht sind keine Kumpane der Dankbarkeit.

Eine Studie mit Patientinnen und Patienten, die Antidepressiva gegen leichte bis mittelschwere Depressionen nahmen, ergab sogar, dass Dankbarkeitsinterventionen ihren Zustand um 25 Prozent verbesserten. Letztlich konnten sie ihre Medikamente gegen die Übungen tauschen.

Dankbarkeit ist eine Herzensangelegenheit

Aber das Können der Dankbarkeit geht noch viel weiter. Sie nimmt es zum Beispiel auch mit posttraumatischem Stress auf und schützt selbst vor Herzerkrankungen. Der Psychoneuroimmunologe und Psychosomatiker Paul Mills beobachtete in einer Studie, dass sich eine Herzinsuffizienz bei Patienten, die ein Dankbarkeitstagebuch führten, nicht mehr weiter verschlechterte. Der Herzrhythmus schien sich selbst zu beruhigen, gleichzeitig sanken mehrere Entzündungsmarker und die Herzfrequenzvariabilität erhöhte sich. Wir werden auf die Zusammenhänge noch detaillierter eingehen. Nur so viel: Mills ortete hinter alldem das ausgeklügelte Spiel mit dem Ruhesystem des Körpers, das der Parasympathikus dirigiert. Die Dankbarkeit kollaboriert mit seinem Hauptnerv, dem Nervus vagus, und gemeinsam gehen sie gegen chronischen Stress vor und reduzieren so die gefürchtete Silent Inflammation. Andere Studien, bei denen sich der Blutdruck mit Dankbarkeitsübungen um ein Viertel senken ließ, bestätigen Mills' Rückschlüsse.

Die Wissenschaftlerin Barbara Fredrickson, die wir schon im Zusammenhang mit der Entdeckung der empathischen Gene kennengelernt haben, gesteht der gelebten Dankbarkeit darüber hinaus noch mehr Wirkungsraum zu. Sie helfe bei der sozialen Integration, habe einen günstigen Einfluss auf die Resilienz und sogar auf die Kreativität.

Eintragungen in Dankbarkeitstagebücher sind also keine Beschäftigungstherapie leichtfüßiger Esoteriker. Praktiziert man das regelmäßig, ist das laut Wissenschaftlern der Universität von Indiana letztlich als neurobiologische Veränderung im Gehirnscan sichtbar.

Die Natur der Dankbarkeit

Etwas Eudaimonischeres als die Dankbarkeit wird man kaum finden. Sie wirkt auf unser Wohlbefinden, auf unsere Glücksgefühle und unseren Selbstwert. Wertschätzung macht uns gesünder, vitaler und kräftigt unsere Immunabwehr. Sie ist es, die uns Zufriedenheit im Leben gibt. Gäbe es Dankbarkeit in Tablettenform, gäbe es auch den Weltfrieden. Ich würde diese Pille vor allem den Jüngeren unter uns verschreiben. Aus einer Analyse der Statusmeldungen auf Facebook weiß man nämlich, dass die jüngeren User das Wort »dankbar« sehr viel sparsamer verwenden als die ältere Generation. Mich hat das ein bisschen erschreckt, und nicht nur als Anti-Anging-Arzt.

Ich persönlich habe meine Rendezvous mit der Dankbarkeit in der Natur. Unlängst wieder, als ich vom Weinviertel heimfuhr, gegen Abend mitten im Sonnenuntergang. Es war eine Farbenpracht, als hätte da oben jemand den Monet in sich entdeckt. Jeden Tag geht diese Sonne unter, oft ganz unspektakulär. Und hin und wieder scheint in der Dämmerung auf der Himmelsleinwand ein Farbenlager zu explodieren, still, aber monumental.

Es war ein Naturschauspiel, da kommst du zum Beten. Beten ist nichts anderes als Danke sagen, finde ich. Danke an die Schöpfung, an das große Ganze. Ich bin kein sehr kirchlich orientierter Mensch, aber wenn uns die Natur in ihrer Großartigkeit nicht dankbar macht, dann weiß ich auch nicht.

Ich spüre das tatsächlich körperlich. Ich fühle, jetzt geht es mir rundherum gut. Es ist wie in einem Satz aus einem meiner Lieblingsbücher von James Hilton, *Der verlorene Horizont*, in dem er von der wundersamen Balance des Körperlichen und des Geistigen schreibt. Unser Thema »Kopfsache jung« wird in diesem Buch, das ich Ihnen sehr empfehle, in Romanform thematisiert. Hilton zeichnet auch ein Bild des mystischen Shangri-La, jenes fiktiven Ortes in Tibet, an dem der Mensch nicht altert. In Bangkok gibt es ein Hotel mit dem Namen Shangri-La, in dem die Gäste jeden Tag Auszüge aus dem Buch, das auch Viktor Frankl so liebte, bekommen. Eine Art geistiges Frühstück.

Man spürt, dass dieser Moment, dieser unfassbare Sonnenuntergang, einem guttut und sich positiv auf den Körper, die Gesundheit auswirkt. Er wird sozusagen von einer himmlischen Klaviermelodie auf den empathischen Genen untermalt. Dieses Zusammenspiel passiert allerdings nur, wenn wir es zulassen, wenn wir die Schönheit erkennen. Ich erfasse sie mit allen Sinnen und mache mir Gedanken darüber. Die Dankbarkeit löst dann das Körpergefühl aus.

Dankbarkeit bis zur Ekstase

In Rom habe ich einmal eine Zeit lang in einem Kloster gelebt, wo überall Heiligenbilder hingen – auf dem Gang, im Schlafzimmer. Man war umzingelt von diesen Gemälden, es war fast unheimlich. Und alle Figuren darauf waren festgehalten in einem Moment reiner Verzückung.

Eine der schönsten Statuen des Bildhauers Gian Lorenzo Bernini ist *Die Verzückung der heiligen Teresa*. Sie steht ebenfalls in Rom, in der Kirche Santa Maria della Vittoria. Bei ihrer Entrücktheit geht es zwar nicht um die Dankbarkeit, sondern um den Augenblick der Vision, als ihr ein Engel mit dem Pfeil der göttlichen Liebe das Herz durchbohrt. Aber die Darstellung der Verzückung ist ziemlich dieselbe. Das Werk entstand in den Jahren um 1650 herum und als der französische Botschafter die in weißen Carrara-Marmor gemeißelte Ekstase sah, schrieb er damals heim nach Paris, dass das, was in Rom als göttliche Nähe galt, in Frankreich als Orgasmus bezeichnet werden würde. Er hat das natürlich neutraler formuliert. C'est la vie.

Eine abgeschwächte Form dieser Glückseligkeit ist das Strahlen, das oft von hochbetagten Mönchen ausgeht, als brenne ein Licht in ihnen. Das Charisma, das da die Exerzitien der Dankbarkeit in ein Gesicht zeichnet, ist einem Leben in Demut geschuldet.

Die höchste Stufe der Dankbarkeit besteht darin, auch für das Missliche dankbar zu sein, für Prüfungen und Schicksalsschläge, wie es der Mystiker Thomas von Kempen in seinem Werk *De imitatione Christi* beschrieb. Dort verschrieb er sich auch der Individualisierung des Glaubens – ein völlig neues Gedankengut, das damals zu Beginn der Renaissance aufkam. Kurz gesagt sollte der Glaube den Menschen nicht mehr von außen übergestülpt werden, jeder sollte sich seine Beziehung mit Gott selbst erschaffen.

Vom Blickwinkel des Anti-Agings aus ist Kempen deswegen interessant, weil er neunzig Jahre alt wurde. Im 15. Jahrhundert eine beachtliche Leistung, die die Dankbarkeit und ein sinnerfülltes Leben gemeinsam zustande gebracht haben. In seinem Fall lag der Sinn in der Rebellion. Man kann sich vorstellen, dass die Kirche seine Ideen nicht gerade von der Kanzel predigte. Aber eben die Widrigkeiten des Lebens waren für Kempen das, was den Menschen weiterbringt. Nur so könne er sich entwickeln und eine neue Stufe des Seins erreichen.

Ein Danke an die Sinne

So hoch möchte ich aber jetzt gar nicht hinaus. Mir genügt die Dankbarkeit für die Natur, und nicht nur ihre großartige Art, jeden Abend ihren farbenprächtigen Vorhang über den Tag fallen zu lassen. Sie hat auch so einen unerschöpflichen Fundus an kleinen Dingen, über die wir uns freuen können. Selbst im kleinsten Garten wächst die Dankbarkeit.

Gartenarbeit ist nachgewiesenermaßen ein Anti-Aging-Hobby, sozusagen astrein. Einen Garten zu bewirtschaften und mit der Natur und ihren Jahreszeiten zu leben, ist in vielen Studien als gesundheitsfördernd ausgewiesen. Die Bewegung, die man dabei macht, ist vielleicht nicht ganz nach den Regeln, die Fitnesstrainer und Physiotherapeuten anraten würden, aber abgesehen von den Hexenschüssen, die man sich dabei holt, sehe ich den ersten deutschen Bundeskanzler Konrad Adenauer vor mir, wie er mit neunzig in seinem Garten steht und mit der Gartenschere an seinen Rosenbäumchen herumzwickt. Ein schönes Bild.

Für mich ist der Sinn des Lebens mit den Sinnen verbunden. Der Sonnenuntergang mit dem Auge, vielleicht beschäftigt man dazu noch das Ohr und hört sich das Klarinettenkonzert von Mozart an, während man in einer lauen Frühlingsdämmerung durchs Salzkammergut fährt. Der Tastsinn kommt dann von allein, weil man einem geliebten Menschen am Beifahrersitz die Hand auf die seine legt oder einfach nur im Takt aufs Lenkrad trommelt.

Ich kann solche Inszenierungen der Sinne eins zu eins auch in die Oper verlegen. Dort ist das Konzert auf den empathischen Genen das Meisterwerk eines ganzen Orchesters. Ein gesamtes Ensemble der Sinne spielt da mit. Kostüme, Bühnenbild und Beleuchtung fürs Auge, Puccini, Beethoven, Rossini fürs Gehör und noch ein Libretto fürs Gehirn. Wenn bei einer gelungenen Vorstellung von Verdis *Otello* am Schluss alle tot sind, bin ich erschöpft, als wäre ich selbst dabei gewesen. Shakespeare und Verdi – *Othello* respektive *Otello* ist die genialste Erzählung rund um Neid und Eifersucht. Sie zeigt in nur zwei Stunden, wie destruktiv das menschliche Suchtverhalten ist. Am Ende sind alle tot – Pro-Aging in seiner reinsten Form. Die Oper ist für mich überhaupt ein Fest der Sinne. Danach sind meine Batterien wieder vollständig aufgeladen.

Ein Danke für den Sinn des Lebens

Wörtlich übersetzt heißt Philosophie »Liebe zur Klugheit«, ich nenne sie gern die Liebe zum Denken und damit ist sie auch die Liebe zum Gehirn. Aus dieser Liebe heraus befasst sich die Philosophie unter vielem anderen mit dem Sinn des Lebens. Eine lohnenswerte Aufforderung, finde ich, besonders beim Älterwerden. Ich rate uns allen, im Älterwerden damit zu beginnen, uns mit der Philosophie zu beschäftigen.

Natürlich kann man sich gerne auch schon mit zwanzig mit philosophischen Fragen auseinandersetzen, aber meiner Erfahrung nach hat man in jungen Jahren noch keinen Sinn für den Sinn des Lebens – zumindest ist es mir so gegangen. Vieles hätte ich auch gar nicht verstanden. Im Alter aber ist das Nachdenken über das Leben ein goldener Weg zur Weisheit. Die Liebe zum Gehirn bewusst zu entwickeln, ist aus physiologischer Sicht die beste Art, dem Abbau der Gehirnzellen entgegenzusteuern. Wir können nicht nur bis ins hohe Alter neue Nervenzellen entwickeln, sondern auch die Neuroplastizität des Gehirns verbessern und neue Synapsen bilden. Neue Studien sind da sehr ermutigend. Wir werden noch dazu kommen. Es sind also nicht nur Kreuzworträtsel, die uns in späten Jahren vor dem geistigen Austrocknen schützen. Indem wir Neues lernen, holen wir eimerweise Wasser aus dem Jungbrunnen in uns. So gesehen ist Philosophieren Anti-Aging in Reinkultur. Die Phase der Getriebenheit ist vorbei, der Körper kommt zur Ruhe, es entsteht eine großartige Kombination aus Schönheit und guten Gedanken, die den Geist wachhält. Genau das ist es, worum es in der Philosophie geht. Und dabei wird mit Sicherheit kein Interleukin-6 oder andere schlimme Entzündungsfaktoren ausgeschüttet.

Zuletzt noch ein akrobatischer Hechtsprung von der Philosophie mitten hinein ins praktische Leben: In der Gastronomie ist man sehr dankbar für Trinkgeld. Schreibt eine Kellnerin oder ein Kellner»Danke« auf die Rechnung, sind Stammgäste damit weit großzügiger. Auch das hat eine Studie ergeben. Danke sagt Ihr Serviceteam.

Übungen, für die wir dankbar sein können

Übung Nummer eins: Denken Sie an eine Person, der Sie dankbar sind, und bedanken Sie sich im Geiste bei ihr.

Übung Nummer zwei: Schreiben Sie Ihr Danke an diese Person für sich selbst nieder. Wenn Sie das mit der Hand machen, haben Sie damit auch gleich eine zweite Anti-Aging-Übung erledigt.

Übung Nummer drei: Schreiben Sie direkt an diese Person und schicken Sie den Brief ab.

Übung Nummer vier: Denken Sie jeden Tag in der Früh nach dem Aufwachen im Bett oder unter der Dusche dreißig bis sechzig Sekunden lang darüber nach, worauf Sie sich an diesem Tag freuen und wofür Sie deshalb dankbar sind. Sie werden sich wundern, dass Ihnen auch an den düstersten Montagen etwas einfällt, was Sie haben, und Ihnen nicht nur das in den Sinn kommt, was Ihnen fehlt. Denken Sie abends beim Zähneputzen oder im Bett vor dem Einschlafen darüber nach, was die schönen Momente dieses Tages waren, was Sie gefreut hat und wofür Sie deshalb dankbar sind.

Kapitel fünf

MEDITATION, GEBET, SPIRITUALITÄT

Meditation senkt den Blutdruck, hilft dem Gedächtnis und hat keinerlei schädliche Nebenwirkungen. Außer dass man dabei auch noch auf sehr gute Ideen kommen kann.

Im Silicon Valley wird meditiert, und zwar sehr professionell. Man lernt von den Besten. Mönche, Schamanen und Achtsamkeitstrainer bringen den Mitarbeitern am Hightech-Olymp bei, wie sie runterkommen, nachdem sie sich nach sechs, sieben gemütlichen achtzig-Stunden-Tagen zu Höchstleistungen aufgeschwungen haben. Verstehen Sie mich nicht falsch, ich respektiere, was die Leute da drüben können. Allerdings erlaubt es mir mein Fachwissen in Sachen Anti-Aging nicht, die Art, wie sie es betreiben, für gesund zu halten. Ich sehe förmlich, wie sie aufzüngeln, die Silent Inflammations in den hochbegabten Organismen im Tal der Supertechnik. Die Idee mit den Lektionen in innerer Ruhe kann ich also nur gut befinden. Auch wenn die Firmen nicht einmal selbst ein Hehl daraus machen, dass das nicht aus reiner Menschenliebe geschieht. Man brauche die volle Energie der Mitarbeiter, hört man zum Beispiel vom Investmentriesen BlackRock, nur leider könne man die nicht kaufen. Wenn ich so etwas höre, bin ich nicht sicher, ob man die Idee von Meditation, Achtsamkeit oder Spiritualität überall richtig verstanden hat. Starbucks schulte 200.000 seiner Mitarbeiter in Achtsamkeit, um die Kunden zufriedener zu machen. Das ist dann die Umwegrentabilität der Mindfulness. Jedenfalls ist die Fortbildung durch die Meditationsgurus gratis, sie selbst stehen auf der Payroll der Unternehmen.

Es wäre nicht Hightech-Denken, wenn es bei Atemtechnik und Gedankenberuhigung bliebe. Der Neurowissenschaftler Adam Gazzaley begann schon vor Jahren, Meditationstechniken in Form von Videospielen zu entwickeln, die das Gehirn leistungsfähiger machen sollen. Er hatte zwar kurz Bedenken, die jahrhundertealten Traditionen in einen Algorithmus zu verwandeln, aber eine Möglichkeit aufs iPad zu laden, mit der man die Wirkung der Übungen auf die Abläufe im Gehirn nicht nur sehen, sondern gleich auch optimieren und kontrollieren kann, war doch reizvoller. Kritiker haben längst einen Ausdruck gefunden für die Achtsamkeitswelle, die auch das Silicon Valley durchflutet. Man nennt sie »McMindfulness«.

Sehr entspanntes Anti-Aging

Am Image der Meditation an sich kratzt das nicht. Sie kann was, ebenso wie die fernöstlichen Entspannungstechniken von Yoga, Tai-Chi bis Qigong, die kanadischen Studien zufolge allesamt den Blutdruck und Cholesterinspiegel senken. Eine Arbeit aus Großbritannien, die 18 Studien verglich und das Ergebnis im Fachmagazin *Frontiers in Immunology* veröffentlichte, rückt die Mind-Body Interventions sogar in die Nähe der stillen Entzündungen. Sie ließen sich mit den Übungen reduzieren, weil sie auf molekularem Level das Gegenteil von chronischem Stress bewirken. Wie viel auch Sport und Ernährung zu dem Ergebnis beigetragen haben, ist nach dem derzeitigen Stand der Forschung nicht klar.

Trotzdem ist die Erfolgsbilanz der Meditation beeindruckend. Am *Center for Mind and Brain* der *University of California* interessierte man sich dafür, wie sich Meditationsübungen kognitiv, psychologisch und biologisch auswirken. Man trainierte die Fähigkeit, die Aufmerksamkeit aufrechtzuerhalten, und es stellte sich heraus, dass dieses Können bis zu sieben Jahre anhält. Mehr noch attestiert man von der *University of Miami* aus, die Aufmerksamkeit verbessere sich dauerhaft bis ins hohe Alter.

Die deutsche Hirnforscherin Britta Hölzel hat sich ganz dem Thema »Achtsamkeit« verschrieben und beobachtet, dass bei Menschen, die regelmäßig meditieren, die graue Hirnsubstanz in den Bereichen des Hirnstamms zunimmt. Das ist das Areal, in dem Noradrenalin und Serotonin zusammenspielen, um den Erregungspegel und die Stimmung zu steuern. Einfacher ausgedrückt: Es sind die Hirnareale, die das psychische Wohlbefinden bestimmen. Konkret vermehrten sich die sogenannten Raphe-Kerne, die zum zentralen Nervensystem gehören und die Aufgabe haben, die Schmerzfasern zu drosseln, die aus der Peripherie kommen.

Eine Studie der *West Virginia University* befasste sich mit Gedächtnisverlust. Man beschäftigte Testpersonen mit den ersten Anzeichen von Alzheimer in zwei Gruppen: die einen mit einem Musikprogramm, die anderen mit Meditationssitzungen. Von der Musik wissen wir schon lange, dass sie das Gehirn zur Bildung neuer Nervenzellen anregt. Nach drei Monaten war das Erinnerungsvermögen der Patientinnen und Patienten aber in beiden Teams wesentlich besser und steigerte sich in weiteren drei Monaten noch mehr. Die Studienteilnehmer waren insgesamt schneller, schliefen besser, hatten weniger Stress, fühlten sich rundum wohler, waren ausgeglichener und fröhlicher. Meditation hat also denselben Effekt wie Musik.

Vom Glauben an die Gesundheit

Für Sigmund Freud stand Religion Schulter an Schulter mit Hysterie, Wahnerkrankung und Neurose. Ihm brauchte man mit einer wohltuenden Wirkung von Gott und Kirche nicht in die Nähe zu kommen. Seine Erklärung für den Glauben der Menschen war eindeutig: Menschen glauben, weil sie nicht erwachsen sind, sondern wie Kinder Trost und Hilfe von einem Vater im Himmel erhoffen. Er selbst bekannte sich zum Judentum, nicht aber zum jüdischen Glauben.

Dreißig Jahre nach seinem Tod bekam er Schützenhilfe vom amerikanischen Psychiater Victor Sanua, der die 1969 noch spärliche Erforschung von Religion und Gesundheit in dürftiger Nüchternheit von der Platte fegte. Es gäbe keine einzige wissenschaftliche Arbeit, die zeigte, dass Religion der seelischen Gesundheit zuträglich wäre. Das entspreche auch dem Wissensstand einiger Kollegen, die sich seither nicht mehr mit diesem Gebiet beschäftigt hätten. Damit war alles gesagt.

Doch die Herren hatten unrecht, auch wenn es einen leisen Unterschied macht, ob man von Religion oder Religiosität spricht. Zwischen 1978 und 2010 bewiesen zwei Metaanalysen, dass Religiosität und Spiritualität mit der Psychiatrie beileibe kein so kratzbürstiges Verhältnis hatten, wie die beiden glaubten. Die Studien ergaben, dass 74 Prozent aller Untersuchungen eine positive Korrelation sahen. Signifikant waren die Ergebnisse vor allem bei Depressionen, Suchterkrankungen und Suizidalität. Es stellte sich klar heraus, dass Religiosität einen besseren psychischen Gesundheitszustand fördert.

Bevor die Zusammenhänge klarer wurden, nannte man übrigens in Europa das, was in Amerika mit Spiritualität gemeint war, Psychosomatik, hinter der sich dann verschämt die Seele versteckte. Zumindest erklärte man sich damit Verbindungen, die sich wissenschaftlich nicht am Kragen packen ließen, etwa den Tod eines Menschen, der ein paar Monate oder Wochen davor seinen Partner verloren hatte. Da musste es eine Definition geben. Bei uns war es die Psychosomatik, bei den Amerikanern die »Spirituality«.

Die Spiritualität findet ihren Weg in die Medizin über unsere sanfte Freundin, die Demut. Als Gegenspielerin des Hochmuts ist sie der schnellste Weg zur Spiritualität, die auf ihrer höheren geistigen Ebene dem Wesentlichen näher ist. Dem göttlichen Plan, wenn Sie so wollen, den jeder und jede von uns in etwas anderem entdeckt.

Die Demut, die wir dazu brauchen, liegt auch in der Meditation, egal auf welche Art man sie betreibt.

Meditation: Wo kommt sie her, wo führt sie hin?

Das Wort »Meditation« ist abgeleitet vom Lateinischen *meditari* und das bedeutet nachdenken. Komisch eigentlich, denn heute kommt es uns beim Meditieren gerade auf das Gegenteil an. Nichts zu denken, ist die große Kunst. Es spielt aber auch das Lateinische *mederi* mit, das so viel heißt wie heilen. Und das griechische Wort für sinnen: *medomai*. Eine interessante Kombination, nicht? Doch so weit hinauf müssen wir gar nicht. Im Hinblick auf Anti-Aging genügt uns die Entspannung.

In Europa waren wir da auf gar keinem schlechten Weg. Schon im Mittelalter war die Meditation nicht unbekannt, dann kam die Inquisition und verbot sie. Doch sie überlebte und entwickelte sich zur Psychohygiene. Warum auch nicht. Wir bringen jeden Tag unser Haar, unsere Kleidung in Ordnung, warum nicht auch unsere Seele. Die Biochemie der Entspannung sorgt dafür, dass die Nebenniere die Produktion der Stresshormone Cortisol und Adrenalin drosselt. Der Hypothalamus, der das vegetative Nervensystem und damit Blutdruck, Atmung und Darm steuert, schüttet Serotonin aus und beruhigt unser gesamtes System. Meditation ist ein Medikament ohne jede Nebenwirkung.

Die Kraft der Frequenzen

Unser Gehirn arbeitet mit vier unterschiedlichen Wellenbereichen. Die Schwingungsfrequenzen bewirken verschiedene Bewusstseinszustände.

Der Betabereich liegt bei zwölf bis 38 Hertz, also Schwingungen pro Sekunde. Bei dieser Frequenz ist unser Gehirn hellwach, wir sind konzentriert, nach außen gerichtet. Dieser Bereich ist ideal für hohe mentale Aktivität und logisches Denken und füttert mit dem erhöhten Ausstoß von Stresshormonen die Unruhe, die Nervosität und die Angst. Er ist das Gegenteil des Frequenzbereichs der Meditation.

Der Alphabereich bei acht bis zwölf Hertz entspricht der geringsten meditativen Intensität. Es ist unser typischer Erholungszustand mit entspannter Wachheit und absolut positiver Grundstimmung. Harmonie von Körper und Geist. Die Aufmerksamkeit geht nach innen, wir können Szenen visualisieren, sind für Suggestion empfänglich und können große Mengen an Informationen aufnehmen.

Im Thetabereich bei drei bis acht Hertz befinden wir uns im Traumschlaf oder einer Tiefenmeditation. Im Gehirn dominieren ein enormes Erinnerungsvermögen, bildhafte Vorstellungskraft, Fantasie und Kreativität. Wir sind fähig, Probleme zu lösen, und lernen im Schlaf.

Im Deltabereich bei 0,5 bis drei Hertz finden wir die tiefste Entspannung, die wir erreichen können. Wir nehmen den Zustand nicht mehr wahr, wir befinden uns in traumlosem Tiefschlaf oder Tiefenhypnose. Die Meditation entspricht der Trance.

Und dann gibt es den berühmten Flow. Ein herrlicher Zustand, den manche beim Laufen erreichen, manche beim Schreiben oder Malen und manche bei der Meditation. Sie aktiviert die Alpha- und Thetawellen und bringt die Gehirnhälften in Balance. In diesem Gleichgewicht sind wir zu außergewöhnlichen Leistungen fähig. Die Gedanken fließen, der Verstand ist ruhig, klar und scharf. Die körperlichen Reflexe arbeiten rascher, alles ist in Harmonie. Die Kräfte sind gebündelt wie ein Laserstrahl.

Kinder meditieren spielend

Meditation ist eine Technik, die wir jahrelang üben. Wir orientieren uns an der Versunkenheit buddhistischer Mönche und wundern uns, warum wir den lauten Alltag um uns herum nicht auch im Handumdrehen ausknipsen können.

Wenn es um Meditation geht, vergessen wir, dass wir diese Kunst alle wunderbar beherrschen, aber dann wurden wir erwachsen. Das ist ein Phänomen der Meditation als Anti-Aging-Tool. Wir können es, wenn wir es noch nicht brauchen, und verlernen es, wenn wir es nötig haben. Als Kinder vergessen wir Zeit und Raum, wenn wir nur einen Wurm beobachten, und

irgendwann ist unser Gehirn so voll, dass wir den
Rummel nicht mehr abstellen können.

Als Student war ich acht Wochen trampen in Griechenland. Rückblickend gesehen hat sich damals die Zeit vom Sein gelöst. Heute sehe ich diesen Ausflug ans Mittelmeer als Kostprobe der Ewigkeit. Ich war 25 und Stunden, Tage, die Zeit überhaupt spielten keine Rolle mehr. Da waren nur mehr das Gehen und der Rucksack und der Sonnenaufgang und das Licht am Horizont. Am Anfang hatte mein Rucksack sieben Kilo, am Ende nur mehr dreieinhalb, nachdem mir auch der Fotoapparat gestohlen worden war. Ich fühlte mich leichter, alles war klar, ein Schwebezustand im Wandeln fernab von Zeit und Raum. Dieser Zustand ist heute kaum mehr möglich, diese Leichtigkeit. Es klingt wie eine Ausrede beim Psychiater, war aber wirklich so. Der Mensch kann sich aus der Zeitachse des Geschehens herausnehmen, wenn er das wirklich will. Er kann von der Ewigkeit kosten.

Es gibt dazu einen Satz aus dem Studentenlied *Gaudeamus igitur*: »Nie kommst du wieder, goldene Zeit, so frei und ungebunden.«

Es gibt die schöne Geschichte eines buddhistischen Mönchs, der den Grund dafür genau auf den Punkt bringt. Der Mönch lebte in einem Kloster und von überall kamen Besucher zu ihm, um von ihm zu lernen. Was denn sein Geheimnis sei, wollten sie wissen. Er sagte: »Wenn ich sitze, dann sitze ich; wenn ich stehe, dann stehe ich; wenn ich gehe, dann gehe ich.« Die Besucher fanden nicht, dass das schon eine Erklärung war, immerhin machten sie das ganz genauso. »Nein«, sagte der Mönch, »wenn ihr sitzt, dann steht ihr schon; wenn ihr steht, dann geht ihr schon; und wenn ihr geht, seid ihr schon am Ziel.«

Apropos gehen

Wenn ich meditiere, dann gehe ich. Still sitzen liegt mir nicht, das muss ich zugeben. Spazieren ist meine Form der Meditation. Gehen und philosophieren – irgendwo tief in mir drinnen wohnt offenbar ein Peripatetiker. Ich wäre tatsächlich gern einer der Schüler von Aristoteles gewesen, die mit ihm im Peripatos, dem Wandelgang seiner Schule in Athen, lustwandelten und von ihm lernten. Beim Gehen kann man am besten denken. Ich glaube, es geht nicht nur mir so.

Bei mir in meinem Garten in Feldkirch habe ich eine Strecke, die ich immer abgehe, wenn ich daheim in Vorarlberg bin. Es ist eine geschlossene Schleife, in sich abgerundet. Es ist kein Zufall, dass auch Kreuzgänge so angelegt sind.

Monotonie und Muße

Die wirklich zündenden Gedanken in meinem Leben hatte ich in der absoluten Monotonie. Keine Ablenkung für den Geist, auch das ist Meditation. Es war in Amerika, als ich so einen Flow erlebte. Ich war die Wochen und Monate davor in Australien gewesen und hatte sehr viel gearbeitet. Es ging um Mikromanipulation, genau genommen wollten wir klonen. Es ist schon sehr lange her.

Etwas später fuhr ich allein von Los Angeles nach Las Vegas. Es war Nacht, kein Mensch unterwegs, ich war praktisch allein auf der Straße. Der Weg führte durchs Death Valley, ich rollte also durch die Wüste. Das Einzige, was ich sah, war der Mittelstreifen. Hunderte Kilometer weit ein weißer Balken nach dem anderen. Und dann, zack war sie da, die Idee: Wenn die Spermien nicht von selber an ihr Ziel kommen, muss man sie eben hineinoperieren. Ja, so einfach war das. Heute klingt es banal, aber damals war das bahnbrechend. Die »mikromanipulatorische Spermieninjektion« war meine wissenschaftlich herausragendste Leistung. Dass mir das einfallen konnte, verdanke ich der Monotonie im Death Valley. Sie zwang das Hirn zu einer Art Reset, eben in den Flow.

Mich hat das so beeindruckt, dass ich es kurz darauf noch einmal probierte. Es ging um die wissenschaftliche Arbeit an meiner Habilitation und ich setzte mich mit meiner Assistentin ins Auto und fuhr nach Prag. Wir hatten nicht das Geringste zu tun in Prag, aber es fiel mir nichts Besseres ein als Pendant zum Death Valley. Natürlich fuhren wir auch in der Nacht und nach hundert Kilometern war's so weit. Es sprudelte nur so aus mir heraus, ein Wasserfall an Ideen. Sie hatte zu tun, alles mitzuschreiben.

Die Monotonie ist eine Anti-Aging-Assistenz der Muße.
Für alle, die sie gar nicht mehr kennen: Sie ist nicht die
zweibeinige Inspiration der Künstler, die schreibt man
mit einem ganz normalen s. Die Muße ist die freie Zeit,
die man hat, um in aller Ruhe seinen eigenen
Interessen nachzugehen.

Ich kann nur raten, dabei in die Wüste zu fahren. Oder nach Prag.

Übungen, die den Geist beruhigen

Übung Nummer eins: Machen Sie sehr bewusst einige Atemzüge und begleiten Sie sie im Geiste durch den Körper. Denken Sie an nichts sonst. Der Benediktinermönch, Zenexperte und weltbekannte spirituelle Lehrer David Steindl-Rast sagt:»Es ist besser, zehnmal am Tag vier Sekunden lang bewusst zu atmen, als zu versuchen, einmal am Tag eine halbe Stunde bewusst zu atmen, was wir wegen all der äußeren und inneren Ablenkungen ohnedies kaum schaffen können.«

Übung Nummer zwei: Setzen Sie sich bequem auf einen Sessel oder auf den Boden. Verfolgen Sie Ihren ganz normalen Atem und zählen Sie beim Ausatmen mit. Müssen Sie um zehn herum schon Luft holen? Es kommt auf den Sauerstoffaustausch an. Versuchen Sie deshalb, die Ausatmung zu verlängern. Zwanzig ist schon sehr gut. Dasselbe geht auch mit einer Farbe, gut ist Violett. Atmen Sie dreimal tief ein und aus und dann gleichmäßig weiter. Stellen Sie sich vor, dass eine violette Flüssigkeit vom Scheitel in Sie hineinfließt und Ihren Körper durchspült. Sie reinigt den Kopf, den Hals, die Schultern, sämtliche Organe, das Becken, die Beine, die Knöchel, Fersen und Füße bis zu den Zehenspitzen. Dort verlässt sie den Körper und sickert mit allen Giftstoffen und negativen Gedanken in die Erde. Haben Sie das Gefühl, dass die violette Flüssigkeit ihren Job getan hat, holen Sie tief Luft und nehmen dabei positive Energien in sich auf.

Übung Nummer drei: Sie sitzen bequem. Suchen Sie sich einen Gegenstand, den Sie bei der Meditation betrachten wollen, ganz egal was. Stellen Sie das Objekt so vor sich hin, dass Sie etwa im 45-Grad-Winkel darauf hinunterschauen. Lassen Sie einfach Ihren Blick auf dem Gegenstand ruhen – manchmal unscharf, dann fokussieren Sie wieder. Schauen Sie ab und zu woanders hin und kehren Sie erneut zu Ihrem Objekt zurück. Wann immer Sie wollen, schließen Sie zwei Minuten lang die Augen und kommen zum Schluss. Wenn Sie das Ganze mit einer Kerze machen, tun Sie noch etwas mehr für Ihre Augen. Die Flamme ist natürliches Licht und in Bewegung. Die Augen folgen ihr und müssen automatisch nachschärfen.

Übung Nummer vier: Wählen Sie ein Mantra. Einen Satz, ein Wort, eine Silbe. Singen Sie Ihr Mantra vor sich hin, wie es Ihnen gerade einfällt. Spüren Sie die Resonanz in Ihrem Körper. Werden Sie nach und nach leiser und letztlich ganz still. Wiederholen Sie Ihr Mantra nur noch im Geist. Mantras wirken durch Wiederholung, ihre Schwingungen sind heilsam. Sie können Ihr Mantra in Stresssituationen anwenden. Es ist ein Ankerpunkt, der Sie zu sich selbst zurückbringt.

Übung Nummer fünf: Kochen und Essen können Meditation sein. Schneiden Sie Gemüse, als gäbe es nichts Wichtigeres. Schälen Sie Kartoffeln, als gäbe es nichts Besseres. Essen Sie, als hätten Sie das noch nie im Leben gemacht. Beobachten, spüren, entdecken. Dazu eine Variante: Lassen Sie ein Stück Schokolade auf Ihrer Zunge zergehen. Tun Sie wirklich nicht mehr. Es geht nicht ums Essen, sondern darum, zu verfolgen, wie sich das Stück verändert, bis Sie es schließlich hinunterschlucken.

Das Schöne an der Meditation ist: Man kann nichts falsch machen. Meditieren lernt man, indem man es tut. Es gibt mehr als hundert Meditationsformen, Sie können gerne auch Ihre eigene entwickeln.

Kapitel sechs
ANGST

Angst ist einer der größten biologischen Altmacher, gegen die wir ankämpfen. Vor allem die frei flottierende, namenlose Angst kostet uns Lebensjahre. Der Trick ist, einen Link vom Angst-Hirn zum Denkhirn zu schaffen.

Es ist ein spezielles Meditationsprogramm und heißt *Mindfulness-Based Stress Reduction*, kurz MBSR. Es geht auf Jon Kabat-Zinn zurück, eine legendäre Erscheinung in der weltweiten Szene und Professor an der *University of Massachusetts Medical School* in Worcester. Er entwickelte die Achtsamkeitsmeditation in den 1970ern als Trainingsprogramm, damit Menschen ein Bewusstsein für den Augenblick entwickeln und besser mit Stress umzugehen lernen. Stress erzeugt Angst. Mit MBSR lernen Menschen auch, besser mit der Angst umzugehen.

Wer unter Angstzuständen leidet und meditiert, wird ihm recht geben können. Die Wissenschaft, so scheint es, hat eher Angst vor der Meditation. Sie stehe ihr skeptisch gegenüber, meinte Elizabeth Hoge von der Psychiatrie an der *Georgetown University* in Washington, D. C. 2017 in einem Interview im *Time Magazine* recht sanftmütig. Seit sie in einer klinischen Studie die Wirksamkeit von MBSR mit ihren Praktiken Body Scan, Yoga und Sitzmeditation mit der Erstbehandlung von Angststörungen mit dem Antidepressivum Escitalopram verglich, könnte sich ihr Misstrauen etwas gelegt haben.

Der direkte Vergleich war in zwanzig Jahren Meditationsforschung innovativ, die Ergebnisse fast gleich. Die Symptome gingen in beiden Gruppen um etwa zwanzig Prozent zurück. Im Pharmatrupp brachen einige wegen Nebenwirkungen vorzeitig ab und 78 Prozent der Testpersonen erlebten ein, wie man das im Fachjargon nennt, »unerwünschtes Ereignis«. Im Meditationsteam blieben alle bis zum Schluss und das unerwünschte Ereignis ereilte nur 15 von ihnen. In der MBSR-Gruppe war man sich einig: Es ist kein magisches Heilmittel, es ist eine Art Training, das ein Leben lang anhält.

Angst macht biologisch alt

Angstzustände sind noch effektivere Brandbeschleuniger der biologischen Alterung als der Stress. Es ist, als würde man bei einem Zimmerbrand auch noch das Fenster aufreißen. Bei der Studie eines Unternehmens für DNA-Tests namens *Muhdo Health 2022* ergaben Biomarker, mit denen sich die beschleunigte Alterung von Geweben quantifizieren lässt, dass das biologische Alter bei den Teilnehmern mit Ängsten höher war als bei den angstlosen. Zusätzlich helfen noch bestimmte Gene nach, die sich auf die Pegel von Neurotransmittern wie Serotonin auswirken.

Angst ist eine Reaktion auf Stress. Chronischer Stress setzt eine Horde unserer üblichen Bösewichte frei. Proinflammatorische Zytokine heißen die Brandstifter, unter ihnen auch das fiese Interleukin-6. Angstgefühle sind eine Folge dieses entzündlichen Milieus. Da haben wir sie wieder, die Silent Inflammation. Die Angst verbrennt unsere Lebensjahre.

Es ist vor allem der Stress in frühen Jahren, der an der Uhr dreht. Laut Untersuchungen am Leibniz-Institut für Alternsforschung ist es nicht die kurzfristige, eben

empfundene Überlastung, um die man sich Sorgen ma-
chen muss. Es geht um Stress, der sich nicht abschüt-
teln lässt und als lebenslanger Begleiter an uns klebt.

Je eher er mit seinem Stalking beginnt, desto lauter ruft er nach seinen Kumpels Alzheimer und Parkinson. Die beiden sind da so hellhörig wie folgsam und kommen schnellstens aus ihren Löchern gekrochen. Dauerstress ernährt sich bestens von unserer Lebenszeit. Zwei Jahre verdrückt er im Nu.

Stichwort Entzündungsalterung

Die chronische Entzündung ist die Drehscheibe des Alterungsprozesses. Diese Erkenntnis verdankt Arne Sahm, Wissenschaftler am Leibniz-Institut, den Graumullen. Vielleicht kennen Sie die wurstähnlichen Felltierchen, denen zwei hasenartige Vorderzähne quasi aus der Nase von oben herunter und zwei von unten hinauf wachsen. Diese Nagetiere leben unter der Erde, und das hierarchisch in ausgesprochener Ungerechtigkeit. Es gibt praktisch zwei Kasten: oben die Königsmulle, unten die Arbeitsnager, man kann sie ruhig die Sklaven der Tierfamilie nennen. Was immer sie dort unten tun, es ist ein Job, der ihnen nicht gut bekommt. Sie werden nur halb so alt wie die Königskaste.

Chronischer Stress, geringere Knochendichte, Übergewicht – das ist das Schicksal der unterdrückten Graumulle. Die eigenen Zytokine haben sich gegen sie verschworen. Statt, wie es sich für diese Botenstoffe gehört, Krankheitserregern den Garaus zu machen, vergreifen sie sich am eigenen Zellmaterial. Es ist ein Teufelskreis: Chronischer Stress zerstört DNA und katapultiert damit die Biomarker des Alters nach oben. Gleichzeitig kappt er die Endstücke der Chromosomen, die Telomere. Wir werden sie noch näher kennenlernen. Die Welt ist ungerecht, auch unter der Erde.

Nach Beobachtungen bei Mäusen vermutete Sahm, dass eingeschränkte Bewegung die Hauptschuld trägt. Eine Maus, die man ins Laufrad setzt, kann ihren Entzündungswerten, vor allem im Darm, regelrecht davonrennen. Moderater Sport erzeugt neue Neuronen. Das gilt auch für die älteren Nager.

Menschen haben einige Möglichkeiten, um die Stresshormone zu senken, die Graumulle und Mäuse nicht haben. Sie können außer laufen auch schwimmen und Rad fahren, am besten dreimal die Woche und mit Freunden.

Des Grusels Kern

Die Geburtsstätte der Angst ist die Amygdala. Mitten im emotionalen Teil des Gehirns sitzt dieser Mandelkern, in dem die Nerven im Alarmfall auf Grundeis laufen. Wie sehr das dem Herz und den Blutgefäßen zusetzt, hat man in Harvard erforscht. Das Ergebnis ist im renommierten Wissenschaftsmagazin *Lancet* nachzulesen.

Mit Gehirnscans überlauerte man die Amygdala, die unter Stress Signale ans Knochenmark und überall dorthin feuert, wo sonst noch weiße Blutkörperchen und Entzündungsstoffe produziert werden. Sie erhalten die Inflammations aufrecht und sind dabei recht aggressiv. Die Arterienwände wehren sich, verhärten, verengen und verdicken sich. Das Herzinfarktrisiko steigt um sechzig Prozent.

Die Bakterien-WG

Wir leben in einer Wohngemeinschaft mit Billionen von Mikroben. Sie haben ihre Zimmer Tür an Tür mit unseren Zellen und der Darm ist so was wie die Beletage für sie. Die dort angesiedelten Bakterien sind eine fröhliche Multikultipartie. Die Vielfältigkeit des Mikrobioms trägt enorm zu unserer Gesundheit bei.

Leiden wir unter Angstzuständen und Depressionen, kommt es zu Stress in der Darmflora. Ihr Gleichgewicht wird beeinträchtigt. Dasselbe scheint auch für posttraumatische Belastungsstörungen zu gelten. Es kann aber auch umgekehrt sein. Stress in der Darmflora führt zu Angst, Depressionen oder posttraumatischen Belastungsstörungen. In Wien beschäftigte sich Gabriele Moser, Fachärztin für Innere Medizin und Psychotherapeutin an der MedUni, mit diesem Henne-und-Ei-Phänomen.

Könnte man ein gesundes, vielfältiges Mikrobiom auf eine Waage legen, würde sie etwa zwei Kilo anzeigen. Unter

Stress nimmt es ab. Die Vielfalt der nützlichen Bakterien
sinkt, woraufhin eine Kettenreaktion beginnt, die auch im
Gehirn Trubel auslöst. In dem Moment, in dem das ausge-
dünnte Mikrobiom den Stress nicht mehr abfedern kann,
werden Entzündungsreaktionen in Gang gesetzt und der
Boden für das Altern bereitet.

Das wäre die Henne. Mosers Studie, die sich nur mit der posttraumatischen Belastungsstörung befasste, könnte aber auch ein Hinweis darauf sein, dass man sich in der Folge einer solchen Störung nicht sonderlich gut ernährt und sich damit die guten Bakterien in der Darmflora verringern. Das wäre das Ei.

Für mich ist die Bakterien-WG im Darm eine astreine Jugendherberge. Und sie bleibt es auch, wenn man sie gut füttert. Die Verbindung von Angst und Darm legt nahe, dass gute Ernährung Mut macht. Das hieße, man kann Zuversicht essen. Ein schöner Gedanke. Meiner Meinung nach stimmt er. Bei Angststörungen können wir mit gutem Essen unterstützen, eine Psychotherapie wird es aber nicht ersetzen. Angstzustände lassen sich sehr wohl zerbeißen. Wie das geht, werde ich noch sehr genau beschreiben.

Hier lege ich Ihnen vor allem Paracelsus ans Herz. Alle Dinge seien Gift, sagte er, und allein die Dosis mache es, dass ein Ding kein Gift sei. Der Hinweis ist mehr als 500 Jahre alt, wird aber in unserer Überflusswelt immer richtiger.

Wortwörtliche Angst

Irgendwo habe ich einmal gelesen, dass unser Angstpegel am größten ist, wenn wir öffentlich reden müssen. Ich möchte jetzt niemandem zu nahe treten, der unter schweren Angstzuständen leidet und vermutlich sofort mit jemandem tauschen würde, der nur eine Rede halten muss. Wir schauen alle aus unserem eigenen Blickwinkel heraus.

Ich kenne die Angst vorm Reden. Obwohl ich viele Vorträge halte, spüre ich sie jedes Mal – manchmal mehr, manchmal weniger, manchmal bin ich so verspannt, dass ich gar nicht weiß, wie ich gehen soll. Ich erinnere mich, wie ich vor der Ethikgesellschaft an der Akademie der Wissenschaften einen Vortrag halten musste, ausgerechnet noch über Demut. Im Publikum saß alles, nur keine Namenlosen. Ich war sehr nervös.

Mir hat damals ein Trick geholfen. Nachdem ich mit Pomp angekündigt worden war, stand ich am Podium, hielt mich am Pult fest und schaute in den Saal, auf diese honorige Zuhörerschaft, in die Gesichter der Doktoren, Professoren, Präsidenten, Minister. Ich stand und schaute – ein ungeheures Gefühl. Bewusst warten. Du packst die Leute. So hat es Mozart gemacht in seinem Requiem. Pause ... lange Pause ... und dann ein Schlag mit der Pauke. Damit habe ich meine Angst überwunden. Denn dazu braucht man Mut, das muss man sich trauen. Mut ist der fähigste Gegenspieler einer solchen Angst. Und dann, als die Leute schon wirklich irritiert waren, stellte ich mich im Hinblick auf die Titel, mit denen man mich präsentiert hatte, noch einmal vor. Wenn es schon um Demut geht, dann bitte schlicht und einfach: Metka spricht hier. Erinnern Sie sich an das Schwert der Perser, das den Hochmut abschneidet? Das schwang ich hier mit voller Wucht. Ich glaube, ich habe bei dem Vortrag auch wieder einmal Perikles zitiert:»Um glücklich zu sein, musst du frei sein, aber um frei zu sein, brauchst du Mut.« Und dazu fällt mir immer gleich Eleanor Roosevelt ein:»Man gewinnt Stärke, Mut und Vertrauen bei jeder Erfahrung, in der man wirklich innehält, um der Angst ins Gesicht zu blicken. Man muss Dinge tun, die man nicht kann.«

Ich bin sehr dankbar, dass ich diesen Mut im Leben in entscheidenden Momenten hatte. Als ich mir während meiner Zeit im AKH Karenz nehmen wollte, um abseits des Klinikalltags und der Routine in Muße innovative Gedanken haben zu können, bestürmten mich die Kollegen. Dass ich doch nicht aus der Karriereschiene ausbrechen könne, dass ich viel weniger verdienen würde, dass sich das bis in die Pension hinein rächen würde. Und so weiter. Da braucht man Mut, um sich durchzusetzen, war ja alles richtig. Die Freiheit zu haben, sich seiner Begabung zu widmen, macht glücklich. Und dieses Glück erhalten Sie nur, weil Sie mutig waren.

Die Angst ohne Namen

Die ständige Befürchtung, dass etwas nicht geht, wird in einer uralten Währung bezahlt. Sie kostet uns Jahre.

Angst vor dem Versagen, Angst vor der Zukunft, Angst vor Veränderung, Angst vor dem Unbekannten. Dagegen ist jede Angst vor einer Kobra eine bloße Schrecksekunde. Gegen Phobien lässt sich vorgehen, gegen die namenlose Angst dagegen kaum.

Medizinisch lässt sich Angst in viele Regale einordnen. Eines davon ist in der Psychiatrie die »frei flottierende Angst«. Die Angst vor dem Namenlosen ist einer der größten Stressoren im Körper, der den gesamten Entzündungsprozess in Gang setzt und dem Anti-Aging Gesichter schneidet. Sie hat für jeden von uns eine andere Fratze. Auch sie kenne ich persönlich.

Als Kind hatte ich schwere Angstphasen, zum Beispiel, wenn ich allein schlafen musste. Mit acht oder neun stand ich im Internat irre Ängste aus, dass ich nicht mehr nach Hause darf oder meine Eltern verliere. Ich bin diese Angst losgeworden oder habe sie zumindest verdrängt, ich hatte ja mein Zuhause, in das ich immer wieder heimkam. Bei elternlosen Kindern kann so eine anhaltende Angst schon zu Persönlichkeitsveränderungen führen. Die diffuse Angst wird in der Kindheit geschürt, davon bin ich überzeugt.

In der Pubertät ist man besonders gefährdet. Ich hatte in der Zeit fast schizophrene Phasen. Ich war depressiv, habe nichts mehr gegessen. Später im Studium habe ich durchgearbeitet, das grenzte schon an Fanatismus. Die Leidenschaft, die Welt zu verändern, ist das Vorrecht der Jugend. Ich kenne kaum Revolutionäre, die erst mit sechzig damit anfingen.

Als Jugendliche sind wir abhängig von anderen, wir sind unfrei und damit von der Grundstimmung oft unglücklich. Ich wurde erst frei, als ich mit 16 aus einem Schulsystem ausbrechen konnte, das mich einengte wie ein Korsett. Für mich war das wirklich Freiheitsberaubung. In der Roland-Schule, wo ich die externe Matura machte, und später an der Universität waren meine Ängste weg. Das war mein Angstlöser. Damals habe ich meine Uhr kräftig zurückgedreht. Mehr konnte ich für mein biologisches Alter vermutlich gar nicht tun.

Ich musste mir von niemandem mehr etwas sagen lassen, konnte mich entfalten, mich frei entscheiden. Ich bin herumgefahren, in einem Wald bei Barcelona habe ich zum Beispiel Chemie gebüffelt. Vor Prüfungen zog ich mich wochenlang zurück und konzentrierte mich ganz auf eine einzige Sache. Wenn man sich so fokussiert, hat man keinen Nerv für Ängste.

Das mag auch in der Familie liegen. Meine Mutter, sie war Psychiaterin, erzählte immer die Geschichte einer Millionärstochter in Kalifornien, der ein Wahrsager prophezeit hatte, dass sie so lange leben wie sie bauen würde. Und sie hat gebaut, letztlich eine ganze Stadt. Sie wurde über hundert Jahre alt. Meine Mutter hat es in Feldkirch ähnlich gemacht.»Solange ich baue, werde ich nicht sterben«, sagte sie. Auch sie wurde hundert.

Im Gegensatz dazu gibt es Leute, die mit siebzig schon nicht einmal mehr einen kleinen Anbau zu ihrem Haus beginnen wollen, weil das in ihrer Vorstellung nichts mehr bringt. Das ist eine Direttissima ins Altern. Kürzlich sprachen wir über Autos und ein Freund von mir sagte, als letztes Auto sollte ich mir schon was Gescheites, was Verlässliches kaufen. Der Typ ist sogar jünger als ich. Das letzte Auto, dachte ich, so etwas käme mir überhaupt nicht in den Sinn. Ich denke, die Angst vor dem Tod sollte man damit vertreiben, sich aufs Leben zu konzentrieren. Wenn du lebst, vergisst du, dich vor dem Tod zu fürchten.

Keine Angst vor Anti-Aging

Angststörungen sind die häufigsten psychischen Erkrankungen. Sechzig Millionen Menschen in Europa leiden darunter. Und da sind Angstzustände und Panikattacken noch nicht miteingerechnet. Es ist die Angst, die lähmt, die den Körper auszehrt und die Seele auffrisst. Wer diese Angst kennt, wacht morgens nicht auf und freut sich über die Sonne. Man schreckt auf und fürchtet sich vor dem Tag. Dass es regnen könnte. Dass man falsch angezogen ist. Dass der Chef Launen hat. Dass ein Kunde Nein sagt. Man fürchtet um die eigene Leistung, die Beförderung, die Pension. Man ängstigt sich ums Bankkonto, um die Kinder, die Zukunft. Man zuckt zusammen, wenn das Telefon läutet, fährt zusammen, wenn ein Blatt Papier zu Boden fällt, und bricht zusammen, wenn jemand nach der Uhrzeit fragt.

Und damit sind wir wieder bei der Amygdala. Der Mandelkern entscheidet zwischen Freund und Feind, konsultiert den Hippocampus, jenen Kollegen aus dem limbischen System, der blitzartig ins Hirnarchiv rennt und Erinnerungen ausgräbt – Angst, die man als Kind gelernt hat – und er wird oft fündig.

Um die abstrakten Gefühle, die sich vom Angsthirn her ausbreiten, erfassen zu können, brauchen wir einen Link zum Zentrum des frontalen Denkhirns. Je aktiver dieser schlaue Teil des Gehirns, desto geringer ist die Aktivität im Mandelkern. Wenn wir also die Angst gedanklich am Schopf packen, sie uns eingestehen und ihr einen Namen geben, dämmen wir sie damit gleichzeitig ein. Je öfter man die Angst bezwingt, desto mehr Macht nimmt man ihr. Je mehr Macht man ihr nimmt, desto weniger nagt sie an unserer Lebenszeit.

Der Vorarlberger Psychiater Reinhard Haller weist in seinem empfehlenswerten Buch *Die dunkle Leidenschaft* auf die Zusammenhänge von Angst und Hass hin. Er erklärt die beängstigende Verbreitung von Hass in den sozialen Medien. So ist die Angst oft die Ursache des Hasses. Aktuelle Beispiele: Die Angst vor Corona ließ die Menschen an der Wissenschaft zweifeln und erzeugte Hass in Form einer gesellschaftlichen Spaltung. Auch die Angst vor der Klimakatastrophe teilt die Menschen in Lager und verabreicht ihnen das geistige Gift. Hass ist die logische Konsequenz der Angst. Also fürchten wir uns lieber nicht so schnell, dann wird die Welt ein bisschen besser.

Übungen, die uns die Angst nehmen

Übung Nummer eins: Hinschauen und der Angst einen Namen geben. Noch genauer hinschauen und die Angst beschreiben. Was genau macht Ihnen Angst? Wie fühlt sie sich an? Was ist das Schlimmste, das passieren kann? Wenn Sie davon sprechen können, verkleinert das die Angst.

Übung Nummer zwei: Sich seiner Angst stellen. Wer in überfüllten U-Bahnen keine Luft kriegt, beginnt sein Anti-Angst-Programm sonntags im leeren Waggon. Wer Hunde fürchtet, verbringt eine Stunde neben einem Lämmlein von Golden Retriever, der an der Leine liegt. Kleine Schritte führen auch ans Ziel.

Übung Nummer drei: Angst ist Stress. Gelingt das Kunststück, sich mit Relax-Übungen zu beruhigen, wenn sie einen gerade an der Gurgel hat, braucht man vor nichts mehr Angst zu haben. Sport lenkt ab, dämpft den Aufruhr, macht fit und damit stark.

Übung Nummer vier: Keine Angst vor Aberglauben. Der Glücksanhänger eines lieben Menschen, die Zeichnung eines Kindes, ein Symbol. Was auch immer für Sie mit Vertrauen und Sicherheit verbunden ist, lindert die Angst. Nehmen Sie es in die Hand und atmen Sie die Angst weg. Zum Beispiel mit der Atemübung »4-7-11«: vier Sekunden einatmen, sieben Sekunden ausatmen und das elfmal wiederholen.

Kapitel sieben

IN HARMONIE MIT ANDEREN LEBEN

Der schnellste Weg ins Alter ist mit Streit, Rosen-kriegen und Einsamkeit gepflastert. Einsamkeit gilt sogar als das neue Rauchen. Das wirksamste Anti-Aging-Mittel sind andere Menschen und das Lachen.

Es ist keine Vermutung, es ist messbar. Wenn wir Zeit mit unseren Herzensmenschen verbringen, haben wir tags darauf geringere Entzündungswerte im Blut.

Über drei Monate hinweg lief eine Studie an der *University of North Carolina at Chapel Hill* mit hundert Testpersonen. Sie mussten eine Beziehung von mindestens einem halben Jahr haben und dreimal im Monat ins Labor. Das C-reaktive Protein CRP zeigt den Entzündungswert im gesamten Körper an. Hatten die Teilnehmer und Teilnehmerinnen die 24 Stunden vor der Blutabnahme mit ihren Partnern und Partnerinnen verbracht, war der CRP-Anteil im Blut gering. Waren sie allein gewesen, ertappte man die Entzündungswerte beim Feuertanz.

Die Liebe hat ein außergewöhnliches Talent für Anti-Aging. Um das zu bestätigen, brauchen wir kein Labor. Das spüren wir am Einzug der Schmetterlingsschwärme in den Bauch. Das Neue an dieser Studie ist der Faktor Zeit. Verleben wir auch nur 24 Stunden mit einem geliebten Menschen, schütten wir offenbar eimerweise Wasser auf die Silent Inflammations in unserem Körper, die praktisch in Sekundenschnelle darauf reagieren. Schon am nächsten Tag sind die leisen Entzündungen nicht nur noch leiser, sondern fast stumm. Wie schnell das Zusammensein mit unserer geliebten Flamme das innere Glosen löscht, ist verblüffend. Die reine Anwesenheit genügt. So leicht kann Anti-Aging sein.

Allein oder einsam?

Die Studie ist eine gute Nachricht für frisch Verliebte und alle, die den Deckel zum Topf gefunden haben. Sie kleben ohnehin die meiste Zeit aufeinander. Ein leichtes Grübeln könnten die Ergebnisse bei denen auslösen, in deren Zusammenleben der Deckel nicht hundertprozentig auf dem Topf sitzt und es mitunter irgendwo rauspfeift. Allerdings muss es auch nicht die Liebe zu einem einzigen Menschen sein, die die Silent Inflammation in uns abkühlt.

Der Mensch braucht Menschen, um in Harmonie zu leben. In welchem Verhältnis sie zu uns stehen, ist letztlich nicht so wichtig. Wir können auch mit Familie und Freunden, die nicht im Nebenzimmer wohnen, eng verbunden sein und uns mit einem Haustier pudelwohl fühlen. Wir können mit einem Untermieter, einer Freundin, einem Pflegekind oder in einer Alters-WG sehr jung bleiben. Selbst die Schrecksekunde, die die Studie womöglich bei allen auslöst, die ganz allein leben, braucht nicht länger als diese eine Sekunde zu sein. Ein Singleleben an sich ist noch kein Aging-Boost.

Den Unterschied zwischen Alleinsein und Einsamkeit macht die Freiwilligkeit. Wer gern allein ist, ist in guter Gesellschaft. Er ist mit sich selbst zufrieden. Wie sagte doch schon Wilhelm Busch:»Wer einsam ist, der hat es gut, weil keiner ihm etwas tut.«

Echte Einsamkeit dagegen trägt den Stachel des Alterns in sich. Er pikst, wenn wir am Abend allein beim

Abendessen sitzen, er sticht an Geburtstagen und zu Weihnachten und reißt Wunden, wenn die Diskrepanz zwischen ersehnter sozialer Verbundenheit und dem Gefühl, auf sich selbst gestellt zu sein, zu groß wird. Nicht so viel Kontakt zu anderen Menschen zu haben, wie wir wollen, macht das Alleinsein zur Einsamkeit und damit zu einem klassischen Stressor, der aufs Selbstwertgefühl drückt und die Seele traktiert. Im Gehirn werden dabei sogar Areale aktiv, die für Schmerzen zuständig sind. Und dann kommt der ganze ekelhafte Kreislauf in Gang: Wir können nicht mehr schlafen, unser Immunsystem schwächelt, unsere kognitive Leistungsfähigkeit nimmt ab und letztlich blinzelt auch die Demenz oder der Alzheimer früher ums Eck. Die Entzündungswerte sind dabei an der Decke.

Noch ein bisschen drastischer drückt eine Metastudie der *Brigham Young University* in Utah den Stachel der Einsamkeit in unsere Gesellschaft. Siebzig Arbeiten mit insgesamt 3,4 Millionen Testpersonen waren an einer Untersuchung beteiligt, die wie ein Wirbelsturm durch die Presse fegte. Menschen, die sich einsam fühlen, sterben früher. Ohne gute Beziehungen zu Familie und Freunden ist das Sterberisiko um 26 Prozent erhöht, bei tatsächlicher Isolation sogar um 32 Prozent. Einsamkeit ist damit schädlicher als Adipositas oder Bewegungsmangel und ebenso ungesund wie Alkoholmissbrauch und Nikotin. Wenn wir sozial nicht aktiv sind, können wir uns genauso gut 15 Zigaretten am Tag reinziehen. Einsamkeit ist das neue Rauchen.

Als Killer Nummer eins nannte man den Stress, den die Einsamkeit auslöst. Er wirke noch schneller als die Tatwaffe Glimmstängel und sei auch noch so ansteckend wie eine Grippe. Ich habe das Phänomen, bald nach dem Tod des Herzensmenschen zu sterben, schon im Zusammenhang mit der Spiritualität erwähnt. An der Universität von Chicago bezifferte man die Wahrscheinlichkeit in einer Studie mit fünfzig Prozent. Einsamkeit mag unser Killer Nummer eins sein, aber Aktivität ist der Killer der Einsamkeit. Und wir sollten diese Lizenz zum Töten nach Kräften nutzen. Das ungewollte Alleinsein zu unterschätzen, bezahlen wir in Lebensjahren. Es erhöht das biologische Alter um 1,65 Jahre und beschleunigt die Alterung damit schneller als jeder Zug an einer Zigarette.

Was nicht tötet, macht alt

Ich betone bei solchen Studien gerne den Konjunktiv. Rauchen ist schädlich, das wissen wir. Ob jemandem letztlich das Pofeln mehr zusetzt, als dass er die Zigaretten allein raucht, wer weiß das schon. Lebensverlängernd ist beides nicht.

Wir alle fühlen uns hin und wieder allein, einsam, vielleicht sogar ausgeschlossen oder isoliert. Natürlich gibt es Menschen mitten unter uns, bei denen das keine Einbildung ist. Jeder und jede Zehnte in Deutschland fühlt sich wirklich einsam. Und natürlich sollte man die

Ergebnisse solcher Studien ernst nehmen. Trotzdem reden wir immer noch von einem Risiko. Nicht davon, dass wir morgen tot umfallen, weil heute niemand angerufen hat.

Anti-Aging bedeutet, alles dazu zu tun, so lange so gesund und so jung zu bleiben, wie es nur geht. Sich mit Menschen zu umgeben, ist so ein Beitrag. Sich aus der Komfortzone herauszutrauen, sich aufzuraffen und unter Leute zu gehen, wieder Kontakt zu jemandem aufzunehmen, der einem abhandengekommen ist – all das sind Pillen, die wirken. Einsamkeit ist keine Krankheit. Kein Arzt, keine Ärztin kann sie behandeln. Aber wir können sie mit selbst gemachter Arznei bekämpfen. In der Psychologie würde man Selbstliebe und Selbstmotivation in Familienpackungen verschreiben. Ich empfehle diesbezüglich das letzte Kapitel dieses Buches, denn Einsamkeit erkennt man auch an den Dingen, die wir im Kühlschrank haben.

Sich einsam zu fühlen, ist ein Frühwarnsignal, das in jedem Alter anspringt. Bei jemandem, der gerade fürs erste Staatsexamen lernt, ebenso wie bei jemandem, bei dem das letzte Staatsexamen ein halbes Jahrhundert her ist. Anti-Aging ist eine Frage des Alterns, nicht die des Alters. Die Generation Millennium ist mit Social Media in der Muttermilch aufgewachsen, aber virtuelle Kontakte reichen nicht, um »Lonely Inflammations« zu löschen. Das funktioniert nur von Angesicht zu Angesicht.

Und damit sind wir bei einem Rezept, das der Einsamkeit und dem Altern in einem entgegenwirkt. Ich habe es unlängst selbst wieder erlebt. Ich ging die Stufen von meiner Ordination hinunter und dachte gerade über eine Studie nach. Steven Cole, der Urvater der empathischen Gene, hat dabei herausgefunden, dass wir schon etwas gegen den Alterungsprozess tun, wenn wir nur zweimal in der Woche eine Stunde lang für andere da sind. Eine Gruppe der Testpersonen sollte zweimal die Woche selbst etwas Gutes tun. Die andere Gruppe, die etwas für andere tat, hatte wesentlich bessere Entzündungswerte.

Als ich das Haustor öffnete und auf die Straße hinaustrat, stand ich unserem Briefträger gegenüber, einem sehr freundlichen Mann mittleren Alters, der seine Arbeit nicht nur immer korrekt, sondern auch immer mit einem Lächeln erledigt. Ich begegne ihm selten, um mich dafür zu bedanken. Das wollte ich jetzt nachholen. Ich drückte ihm 15 Euro in die Hand und wünschte ihm ein schönes Fest – es war kurz vor Weihnachten. Er freute sich, fragte sogar nach meinem Namen, um die Wertschätzung auch zuordnen zu können. Ich war schon fünfzig Meter weiter die Gasse hinunter, als ich noch ein letztes »Danke!« von ihm hörte.

Ich war auf dem Weg in ein Kaffeehaus, um mich mit einem Freund zu treffen. Die Freude des Briefträgers begleitete mich, sie schwang mit mir mit. Und dabei hatte ich nicht mehr als fünf Minuten gebraucht, um jemand anderem etwas Gutes zu tun. Ich lächelte. Wer weiß, wie viele Entzündungen allein das in mir gelöscht hat.

Hilfe in zwei Richtungen

»Hilf dir selbst, dann hilft dir Gott.« Ich habe dieses Sprichwort nie ganz verstanden. Hilf anderen, dann hilfst du dir selbst, leuchtet mir mehr ein. Helfen ist menschlich. Die Wissenschaft sagt, dass es tief in unserer Natur verwurzelt ist, wofür nicht zuletzt auch das Hormon Oxytocin verantwortlich ist. Wer als Kind Hilfe erlebt, wird sie ein Leben lang als positiv empfinden und danach handeln. Alles, was sich im Leben bewährt, wird bevorzugt und weitergeführt.

Dank des Oxytocins lässt sich Altruismus auch im Gehirn messen. Es war ein Versuch an der Universität Würzburg, bei dem eine Testgruppe den Botenstoff verabreicht bekam, die andere ein Placebo aus Salzwasser. Die Oxytocin-Leute waren spendabler als das Salzwasser-Team.

Den tieferen Sinn hinter dem Experiment hat der Schriftsteller Leo Tolstoi schon vor langer Zeit erkannt: »Das Gute, das du anderen tust, tust du immer auch dir selbst.« In der Wissenschaft war man lange der Meinung, dass Menschen, die anderen helfen, immer auch etwas für sich selbst erhoffen. Demnach gäbe es nur Helden mit Hintergedanken. Ich konnte das nie ganz glauben. Mutter Teresa, die eigentlich nur auf eine Gelegenheit lauerte, selbst zu profitieren?

Und tatsächlich, es geht nämlich um soziale Gerechtigkeit. Das zeigte ein Versuch aus der Spieltheorie in den 1980er-Jahren, in dem man Altruismus und Egoismus in der Verhaltensforschung nachging. Das »Ultimatumspiel« ist nicht neu, aber immer wieder faszinierend. Es geht so:

Ein Spieler bekommt einen hohen Geldbetrag, den er nur behalten darf, wenn er einem zweiten Spieler, den er nie sieht, etwas davon abgibt. Dieser Fremde muss mit dem Betrag, den er von der Gesamtsumme erhält, einverstanden sein. Man würde vermuten, der Erste würde möglichst wenig abgeben und der Zweite alles akzeptieren. Aber so ist es nicht. Die meisten zweiten Spieler, die weniger als ein Viertel angeboten bekamen, lehnten ab. Zum Ausdruck zu bringen, dass sie diese Aufteilung für ungerecht hielten, war ihnen mehr wert, als das bisschen Geld anzunehmen, das ihnen wie Almosen zugesteckt wurde. Sie hatten für Gerechtigkeit gesorgt. Obwohl sie leer ausgingen, fühlten sie sich reicher.

Allerdings machten nur wenige erste Spieler so schlechte Angebote. Am liebsten hätten sie das ganze Geld für sich behalten, aber ihr Gerechtigkeitsempfinden siegte über die Habgier. Wobei das jetzt ehrenvoller wirkt, als es tatsächlich war. Ein nicht ganz unwichtiger Schubs in die Arme der Freigiebigkeit war die Konsequenz eines schlechten Deals: Schlug der zweite Spieler das Angebot nämlich aus, standen beide mit leeren Händen da.

Im Durchschnitt der Fälle bekommt jeder etwa die Hälfte. Es sei denn, man hilft mit Physik nach. Bestrahlt man die Probanden mit starken Magnetfeldern und legt damit gezielt einen Teil des rechten Stirnhirns lahm, ist das Gerechtigkeitsempfinden weg und der Egoismus herrscht ungebremst.

Der lustigste Gewaltakt im Menschen

Das Gute ist ansteckend, und zwar schon beim ersten Anzeichen davon, dem Lächeln. Um das zu überprüfen, braucht man kein Labor. Wir können einfach auf die Straße gehen. Versuchspersonen gibt es so viele wie Mitmenschen. Schenken wir ihnen ein Lächeln, bekommen wir zwar nicht genauso viel Lächeln zurück, aber das liegt möglicherweise auch an der Verblüffung der Leute. Der Brauch, dass uns grundlos eine so freundliche Geste entgegengebracht wird, ist nicht allzu verbreitet. Ich mache das Experiment ganz gern auf meinen Spaziergängen durch die Wiener Innenstadt, habe aber noch nie mitgezählt. Ich tippe darauf, dass es mehr als die Hälfte der Passanten ist, die zurücklächelt, und das in der Hauptstadt der Grantler.

Als Anti-Aging-Spezialist muss ich natürlich darauf hinweisen, dass schon ein leises Lächeln seine Spuren in Form von Krähenfüßen hinterlässt. Ich persönlich halte diese Lachfältchen allerdings für einen sichtbaren Biomarker sehr spärlicher Entzündungswerte und bin deshalb im Zweifelsfall immer für das Lachen.

Was sich dabei im Körper alles bewegt, ist unglaublich. Wir atmen schneller. Unser Herz rast. Luft schießt mit hundert Kilometern pro Stunde aus unserem Mund. Unsere Nasenlöcher weiten sich. Unsere Stimmbänder beginnen zu schwingen. Unsere Fingerkuppen werden feucht. Unser Zwerchfell hüpft. Unsere Beinmuskeln erschlaffen. Unsere Knie werden weich. Unsere Augen verengen sich zu Schlitzen. Unsere Blasenmuskulatur legt eine Pause ein. Unsere Jochbeinmuskeln ziehen die Mundwinkel nach oben. 17 Muskeln im Gesicht und achtzig im ganzen Körper arbeiten wie der Teufel. Das Lachen ist ein Gewaltakt in uns, aber mit Sicherheit der lustigste.

Männer lachen mit mindestens 280 Schwingungen in der Sekunde, Frauen sogar mit 500. Ein ehrliches Lachen ist ein reiner Reflex. Es kann vorgetäuscht werden, aber die Kopie wird nie an das Original heranreichen. Ausgelöst wird es in einer Gehirnregion, die deutlich älter ist als das Sprachzentrum. Man vermutet, dass es aus dem Fletschen der Zähne, also einer Drohgebärde, entstand und einmal eine Form der Kommunikation war. Ein gesundes Gebiss signalisierte Stärke. Feinde mit löchrigen Kauleisten verstanden die Message und ergriffen die Flucht. Abseits vom Kampf war das Lachen ein Zeichen der Sympathie, das die Menschen verband.

»Jedes Mal, wenn ein Mensch lacht, fügt er seinem Leben ein paar Tage hinzu«, behauptete der italienische Schriftsteller und Journalist Curzio Malaparte. Allein das Geräusch lachender Menschen veranlasst das Hirn dazu, die Gesichtsmuskeln auf ein breites Grinsen vorzubereiten. Adrenalin und Cortisol ziehen sich zurück und machen Platz für die Hetz.

Was die Körperfunktionen betrifft, tut das Lachen für uns mehr als jedes Work-out. Es kurbelt die Verdauung und den Stoffwechsel an und senkt das Cholesterin. Puls und Blutdruck gehen nach oben. Unser Herz-

Kreislauf-System, das Zwerchfell, die Gesichts- und Bauchmuskeln sind aus dem Häuschen. Unsere Lunge transportiert drei- bis viermal so viel Sauerstoff. Auch unser Herz und unser Immunsystem lassen ihren Bizeps spielen. Letzteres befördert mehr Abwehrstoffe ins Blut. Killerzellen stürzen sich auf Viren, Tumor- und Krebszellen. Unsere Schmerzgrenze ist erhöht. Lachen ist eine Art Droge. Gelotologen, wie man Lachforscher nennt, konnten nachweisen, dass ein Lachanfall dieselben Gehirnregionen stimuliert und damit zumindest kurzzeitig ähnliche Empfindungen auslöst wie die Einnahme von Kokain.

Beim Lachen betreibt der Körper Hochleistungssport. Zwanzig Sekunden Lachen entsprechen der Wirkung von drei Minuten Rudern wie bei einer Regatta. Nach fünf bis acht Minuten setzt die Entspannung ein. Unsere Herzfrequenz nimmt wieder ab und der Blutdruck sinkt anhaltend. Eine Minute Lachen ist so erfrischend wie 45 Minuten Entspannungstraining.

Wenn Sie mich fragen, wie Sie sich am besten jung halten, rate ich zu zwölf Stunden Lachen am Tag. Teilen Sie Ihr Leben mit Menschen, die lachen können – schallend, mit offenem Mund und mitreißend. Lachen ist überquellende Lebensfreude, die auch für die Menschen rundherum reicht.

Hilfreich ist, das Leben als gegeben zu nehmen

Ich weiß, es gibt Phasen im Leben, in denen das Lachen verloren geht. Streite, Rosenkriege, Scheidungen, Verluste wirken auf unser Gehirn wie Flammenwerfer, die Entzündungen verursachen. Auch das gehört zum Leben. Wir hämmern auf unsere Klaviatur der 53 empathischen Gene ein, als spiele der Keyboarder von Led Zeppelin eine von Motörhead komponierte Hommage ans Testosteron. Für kurze Zeit hält man die Dezibel der Dissonanz aus, auf Dauer knabbert das aber nicht nur an unseren Lebensjahren, es frisst sie auf.

Aggression, Ärger oder Wut lassen uns alt aussehen. Interessant finde ich in dem Zusammenhang einen Gemeindearzt in Südtirol – Toni Pizzecco heißt er. Mit seinem Verein *Südtiroler Ärzte für die Welt* engagiert er sich in Entwicklungsländern, insbesondere auch in Äthiopien. Als er einmal in einem Interview auf Karlheinz Böhms Motiv angesprochen wurde, in Äthiopien Hilfe zu leisten, gab er eine Antwort, die mich beeindruckte. Böhm, sagte er, hätte die Wut über die Ungerechtigkeit zwischen Arm und Reich angetrieben, aber mit Wut Entwicklungshilfe zu betreiben und Solidarität zu vermitteln, entspräche nicht seiner Philosophie. Sein Grundmotiv sei die Freude, geben zu dürfen. Wir Europäer seien privilegiert, woraus uns die Verpflichtung erwächst, Menschen zu helfen, die nicht dasselbe Glück haben wie wir. Und ich sag Ihnen was: Der Mann schaut verdammt jung aus.

Übungen, die uns in Harmonie mit anderen bringen

Übung Nummer eins: Schenken Sie Lächeln. Lächeln Sie einen Monat lang jeden Tag einen Menschen an. Egal wen. Den Gemüsehändler, die Ehefrau, ein Schulkind. Lächeln Sie im zweiten Monat jeden Tag zwei Menschen an. Egal wen. Im dritten Monat sind es jeden Tag drei. Ihr Leben wird sich ändern. Sie werden sich jünger fühlen.

Übung Nummer zwei: Eignen Sie sich Mitgefühl an. Stellen Sie sich eine Person vor, von der Sie bedingungslose Liebe bekommen haben, zum Beispiel Ihre Mutter. Denken Sie einmal am Tag intensiv an sie. Beobachten Sie sich, welches Gefühl das in Ihnen auslöst. Konzentrieren Sie sich auf dieses Gefühl. Und dehnen Sie es langsam auf alle Menschen aus. Üben Sie täglich, aber insgesamt ganz nach Ihrem Tempo.

Übung Nummer drei: das Ein-Meter-Lachen. Breiten Sie die Arme zur Seite aus. Heben Sie den Kopf. Sie stehen in einer Pose der Freiheit. Atmen Sie tief ein und lachen Sie die Luft beim Ausatmen hinaus. Machen Sie abermals einen tiefen Atemzug. Wiederholen Sie die Übung, so oft Sie wollen. Ich habe die Übung vereinfacht. Der indische Mediziner Madan Kataria hat das Lachyoga berühmt gemacht und 1995 seinen ersten Lachklub gegründet. Mittlerweile lacht und dehnt man in 6.000 solcher Klubs in sechzig Ländern der Welt.

Kapitel acht

LEBEN IN SICHERHEIT

Ein intaktes Selbstwertgefühl ist medizinisch gesehen ein Wundermittel. Wenn Sie Vertrauen in sich selbst haben, hilft das nicht nur gegen Unruhe, Lustlosigkeit und Stoffwechselprobleme, es vermeidet auch Depressionen.

Österreich ist das fünftsicherste Land der Welt. Hinter Island, dem Dauerbrenner im Sicherheitsranking, Neuseeland, Irland und Dänemark kommen nach der Rangliste des *Global Peace Index* vom *Institute for Economics and Peace* schon wir. Jahr für Jahr nehmen sie in dem Thinktank die Kriegsgefahr, die Beziehung zu den Nachbarländern, die Gesundheitsversorgung, die soziale Sicherheit, interne und externe Konflikte, die politische Stabilität und die Kriminalitätsrate unter die Lupe. Und Jahr für Jahr kommt heraus, dass das alles bei uns um so viel besser ist als im großen Rest der Welt. Und doch fühlen sich die Österreicher nicht wirklich sicher. Eine Studie des Wiener IFES-Instituts bescheinigt uns eine wachsende Angst, unseren Wohlstand zu verlieren. Ökonomisch bewerten wir die Lage des Landes als schlecht. Ganz im Argen liegt das Vertrauen, dass unsere Pensionen gesichert seien. Und obwohl die Zahl der Eigentumsdelikte um mehr als zwei Drittel zurückging, ist das Gefühl der Unsicherheit bei den Österreichern im Steigen. Schuld daran seien die Dauerkrisen von Finanzmisere bis Klimawandel, von Terrorbedrohung bis Migrationsbewegung und vor allem die Berichterstattung darüber. Je reißerischer die Medien die Ereignisse breittreten, desto mehr werden sie von den Leuten noch übersteigert.

Das Misstrauen an sich ist kein neues Phänomen, sondern ein uraltes Muster. Die leise Möglichkeit, dass etwas passieren könnte, versetzt uns innerlich in Hochspannung. Auch wenn uns die Erfahrung längst gezeigt hat, dass wir uns die meiste Zeit vergeblich aufregen. Die beruhigenden Beispiele zählen nicht viel, im Gedächtnis regiert das, was schiefgegangen ist. Die Evolution hat uns gelehrt, beim ersten Anzeichen von Gefahr sofort die Ohren zu spitzen. Und das tun wir noch heute. Jetzt heißt das Negativitätsbias und bedeutet, dass wir das Böse und Bedrohliche stärker in Erinnerung behalten als das Gute und Positive.

Besonders suspekt ist uns die Politik. Der *Demokratie Monitor 2022*, der 2018 noch bei 64 Prozent der Bevölkerung eine sehr bis ziemlich große Zufriedenheit mit dem politischen System ortete, ist auf die Hälfte gesunken. Mit 34 Prozent Vertrauen findet nur noch ein optimistisches Drittel etwas Zufriedenstellendes an der Politik. Kaum jemand sieht noch mit Zuversicht in die Zukunft. Es regieren Sorge und Ärger und möglicherweise irgendwann auch ein sogenannter starker Führer. So eine Vaterfigur, die sich nicht um Parlament oder Wahlen kümmern muss, wurde 2021 noch von 56 Prozent der Österreicher abgelehnt, 2022 schon nur mehr von 46 Prozent. Um jetzt aber nicht ganz ins Misstrauen abzurutschen: Neun von zehn Menschen halten die Demokratie nach wie vor für die beste Staatsform.

Vertrauen ist offenbar Mangelware. Dass es auch auf dem Gebiet der Wissenschaft so schnell nachlassen könnte, wie wir es in der Pandemie erlebt haben, hätte ich nicht gedacht. Das muss ich schon zugeben. Wenn ich mir die Besessenheit vorstelle, mit der da auf unsere 53 Empathiegene eingedroschen wurde, dröhnen mir jetzt noch die Ohren. Das Einzige, was bei dieser Symphonie der Misstöne sicher ist, ist die Auswirkung auf unsere Entzündungswerte.

Die Lüge als Anti-Aging-Tool

Ich habe eine klare Anti-Aging-Strategie dagegen. Sie fußt auf der Tatsache, dass wir alle nicht einmal ein Fliegenschiss im grenzenlosen Universum sind. Wir sind winzig gegenüber etwas, dessen Mächtigkeit wir uns nicht einmal vorstellen können, und das von Natur aus. Wir sind es also gewohnt. Unsere Angst scheint vor dem Hintergrund des Universums, in dem wir so ein verschwindendes Pünktchen sind, sogar mehr als berechtigt. Wenn man so im Nichts schwebt, braucht man etwas, an dem man sich anhalten kann. Einen Henkel, der uns davor bewahrt, nicht im Unendlichen zu verglühen. Ich habe lange über so einen Henkel nachgedacht und dann hatte ich es. Meine Philosophie ist: Wir brauchen eine Lebenslüge. Eine plausible, positive Lebenslüge, ohne die können wir nicht leben. Und sie muss Niveau haben.

Vielleicht ist das Leben ein Theaterstück oder eine Reise. Jedenfalls etwas, wobei wir uns ein bisschen von uns selber entfernen. Uns vielleicht auf eine Bühne stellen und den Blickwinkel verändern. Oder eine Insel entdecken und die Welt wie neu sehen. Nur ganz kurz, damit wir nicht den Anschluss verlieren. Und doch lange genug, um die Diversität des Lebens wieder zu erkennen. Manchmal sind wir dabei Hauptdarsteller, manchmal Zuschauer, manchmal die eine Figur im großen Ensemble, manchmal eine andere und manchmal nur hinter dem Vorhang.

Es geht darum, alles auszukosten, was das Leben uns serviert. Die Lebenserfahrung ist ein wesentlicher Grund, warum ich oft recht zufrieden bin, heute älter zu sein. Dass ich einen Kant oder einen Nietzsche hernehmen kann und irgendwie verstehe, was ich mit dreißig noch nicht verstanden hätte. Das Leben ist voller positiver Reize, die es lebenswert machen. Und wenn wir das Leben lebenswert finden, haben wir keine Angst mehr davor.

Die Kirche hat das schon vor langer Zeit erfasst. Sie hat uns die Angst vor dem Sterben genommen. Ich bin ein großer Freund der verschiedenen Liturgien. Überhaupt begeistern mich die Rituale in jeder Religion. Sie geben uns einen Sinn – jedem einzelnen Menschen genauso wie Gruppen, Stämmen, ganzen Völkern. Ich war dabei, wie die Hindus die Natur anbeten, das Feuer, das Wasser, die Gerüche, das Leben. Letztlich nimmt das den Menschen die Angst. Wenn man allein und nackt ohne das Gewand der Philosophie oder des Glaubens auf weitem Feld sitzt, muss man Angst haben. Das geht gar nicht anders. Nur in der Gemeinschaft sind wir sicher, geborgen. Wir gehören zusammen. Wir vertrauen einander.

Ur- oder nur Vertrauen

Das Urvertrauen entsteht in unseren ersten Lebenswochen. Schon in der Zeit lernen wir, dass wir anderen Menschen vertrauen können. Oder eben nicht. Basierend auf diesem Gefühl entwickeln wir nicht weniger als unsere Persönlichkeit und eine positive Lebenseinstellung. Wenn wir lernen, dass wir uns auf andere verlassen können, lernen wir auch, uns geborgen, zugehörig, umsorgt und geliebt zu fühlen und auf unsere Fähigkeiten zu vertrauen. Wir lernen Selbstvertrauen.

Lernen wir das alles nicht, stehen den grundlegenden Ängsten alle Türen offen. Und sie marschieren unaufgefordert herein, sie drängeln geradezu. Die Existenzangst, die Bindungsangst, die Angst, ausgeschlossen zu sein, und vor allem die Angst, verlassen zu werden. Urvertrauen in späteren Jahren aufzubauen, ist schwierig. Mit reinem positiven Denken ist es nicht getan. Die Parole »Alles *wird* gut« ist nicht ganz dasselbe wie das Wissen, alles *ist* gut.

Der Unterschied zwischen Vertrauen und Urvertrauen sieht nicht gravierend aus. Auf den ersten Blick sind es bloß zwei Buchstaben. Dabei liegen Welten dazwischen. Vertrauen heißt, von der Wahrheit bestimmter Dinge auszugehen, etwas aufgrund unserer Erfahrung zu glauben. Urvertrauen ist das, was wir brauchen, um überhaupt Vertrauen fassen zu können. Es ist die unerschütterliche Sicherheit, dass die Dinge gut ausgehen werden. Wer Urvertrauen hat, braucht seine Ängste nicht mehr zu fürchten.

Mangelndes Vertrauen sei nichts als das Ergebnis von Schwierigkeiten, sagte Seneca, und Schwierigkeiten haben ihren Ursprung in mangelndem Vertrauen. Wer in diesem Teufelskreis rotiert, braucht schon sehr begabte Pianistenhände für seinc Anti-Aging-Melodie.

Vertrauen schenken

134 Millisekunden dauert es, bis wir entschieden haben, ob wir andere für vertrauenswürdig halten. Die Eile stammt noch aus einer Zeit, in der es nach 135 Millisekunden zu spät sein konnte. Säbelzahntiger haben keine Beißhemmung, sie schnappen in der Millisekunde zu. Die Evolution hat uns dieses Reaktionsvermögen erhalten.

Die Ergebnisse vieler Versuche zeigen, dass wir Mitmenschen, die uns ähnlich sind, eher Vertrauen schenken als anderen. Der Grund ist logisch und doch irgendwie erstaunlich, zumindest empfinde ich es so. Denn einerseits sind die sozialen Medien voll davon, was wir im Detail alles an uns auszusetzen haben, andererseits haben wir von uns als Ganzes selbst ein sehr positives Bild. So positiv, dass wir uns als überdurchschnittlich vertrauenswürdig einschätzen. Also muss jemand, der uns ähnlich ist, mindestens ebenso viel Vertrauen verdienen. Wir schließen vom reinen Aussehen auf die inneren Werte. Optik als Messlatte der Moral.

In Großbritannien wollte man in einer Studie wissen, ob das auch umgekehrt gilt: Erkennen wir auch in Menschen, die uns ihr Vertrauen bewiesen haben, Ähnlichkeiten mit uns? Die Antwort war ja. Zum Überleben war das einst eine clevere Strategie. Unsere Vorfahren regulierten damit die Kooperation in Gruppen. Man wusste, auf wen man sich verlassen konnte.

Vertrauen haben

Auch das Selbstvertrauen hängt vom Urvertrauen ab. Je mehr wir in der Kindheit davon abbekommen haben, desto sicherer sind wir uns in dem, was wir sind, was wir tun und was wir wollen. Je brüchiger das Fundament ist, auf dem es sich am sichersten leben lassen sollte, desto unsicherer gehen wir durchs Leben und suchen unermüdlich nach Geborgenheit.

Ein gesunder Selbstwert ist ein Gut, für das wir zutiefst dankbar sein können. Medizinisch ist er ein Wundermittel. In uns wirkt er gegen Unruhe, Lustlosigkeit, Niedergeschlagenheit, Schlaf- und Essstörungen, gegen Stoffwechselleiden und Depressionen. Nach außen hin motiviert er uns, knüpft soziale Kontakte, bewegt sich, ist aufgeschlossen und optimistisch, kommt wunderbar mit Stress zurecht und geht generell recht unbekümmert durchs Leben. Ein gutes Selbstwertgefühl ist unser bestes Anti-Aging-Mittel.

Übungen, die den Selbstwert stärken

Übung Nummer eins: Überlegen Sie sich Ihre niveauvolle Lebenslüge. Womit würden Sie die Welt vergleichen, damit Sie sich in ihr wohlfühlen? Mit wem würden Sie sie besiedeln? Wie wollen Sie darin Ihr Leben verbringen? Schreiben Sie es auf und überprüfen Sie hin und wieder, ob die Lüge für Sie noch das Wahre ist.

Übung Nummer zwei: Erstellen Sie eine Alles-ist-gut-Liste. Überlegen Sie, was Ihnen Sicherheit gibt. Legen Sie Kategorien an, die Ihnen wichtig sind: Materielles, Ideelles, Menschen, Erinnerungen, Erfahrungen, Symbole, Bewegung und so weiter. Tragen Sie diese Liste immer bei sich. Lesen Sie sie immer wieder durch. Streichen Sie etwas weg, ergänzen Sie sie, schreiben Sie sie ab und zu neu.

Übung Nummer drei: Machen Sie Sport. Es geht dabei nicht um die gesunde Bewegung, die wird praktisch gratis mitgeliefert. Es geht vor allem darum, Ihre Grenzen auszuloten. Herauszufinden, wozu Sie fähig sind. Deshalb kommt es auf die Intensität an, mit der Sie sporteln. Legen Sie alles hinein, was Sie haben, um alles herauszuholen, was in Ihnen steckt. Jede neue Rekordzeit, jeder neue Level bedeutet Selbstermächtigung. Sie können es, Sie haben es geschafft, Sie haben die Fähigkeit. Das ist es, was Ihr Urvertrauen lernen muss. Klettern und Trampolinspringen sind besonders geeignet, um sich Ihr Urvertrauen zurückzuholen. Fallschirmspringen und Bungee-Jumping sind Erfahrungen, die Ihnen viel Mut abringen und Sie gleichzeitig spüren lassen, dass potenzielle Gefahren überwunden werden können.

Übung Nummer vier: Im Yoga gilt das Wurzelchakra als der Sitz des Urvertrauens, das Sie besonders mit zwei Übungen stärken können. Zum einen mit der *Kindhaltung*: Sie sitzen dabei auf Ihren Fersen und beugen Ihren Oberkörper nach vorne, bis die Stirn den Boden berührt. Die Arme liegen locker neben Ihren Beinen, die Handflächen zeigen nach oben. Atmen Sie aus, lassen Sie los und die Muskeln locker. Spüren Sie die Dehnung. Sie können die Stellung bis zu drei Minuten halten. Sie können die Übung schon morgens im Bett machen. Die andere Übung ist *der Baum*: Sie stehen auf einem Bein. Winkeln Sie das andere Bein ab und legen Sie die Sohle an die Innenseite des Standbeins knapp über dem Knie. Das Knie des abgewinkelten Beins zeigt zur Seite. Führen Sie die Hände vor dem Solarplexus zusammen und strecken Sie sie dann so weit wie möglich über dem Kopf nach oben. Wiederholen Sie die Übung mit dem anderen Bein. Gleichmäßig und ruhig atmen. Je länger Sie das Gleichgewicht halten, desto besser.

Kapitel neun

LEBEN IM EINKLANG MIT SICH SELBST

Zufriedene Menschen haben ein feines Gehör für ihre innere Stimme. Sie lassen sich keine negativen Gedanken überstülpen wie einen Müllsack. Sie sind ganz bei sich. Probieren Sie's einfach aus.

Um im Einklang mit uns selbst zu leben, brauchen wir eigentlich nur zweierlei: Scheuklappen und einen Gehörschutz. Und das von klein auf. Verstehen Sie mich bitte nicht falsch, ich plädiere nicht dafür, blind und taub durchs Leben zu gehen. Ganz im Gegenteil. Ich plädiere nur dafür, nicht zu schauen, wohin andere uns den Weg weisen, und nicht zu hören, was andere uns einflüstern. Es steht schon auf dem Tempel des Apollo in Delphi: »Gnothi seauton.« Erkenne dich selbst. Ursprünglich war damit eher gemeint: Erkenne, was du bist. Im Gegensatz zu den Göttern seien dem Menschen Grenzen gesetzt und er möge sich seiner Beschränktheit und letztlich seiner Sterblichkeit bewusst sein. Diese Art der Bescheidenheit führt uns durch die Antike wie eine weise Fußspur. Platon lenkte sie in eine etwas aussichtsreichere Richtung. Der Mensch möge sich als eine den Körper bewohnende unsterbliche Seele sehen. Dass das auf gewisse Entwicklungsmöglichkeiten schließen lässt, dürfte auch Cicero so aufgefasst haben. Er sah die Selbsterkenntnis darin, das Gute in uns zu erkennen. Und dort will letztlich auch ich hin. Warum? Ganz einfach.

Das Gute in uns ist auch das Beste für uns.

Aus Harvard sind dazu interessante Ergebnisse einer Langzeitstudie zu lesen. Über 75 Jahre hinweg begleitete man Hunderte Menschen durch ihr Leben und es stellte sich heraus, dass die Hälfte unseres Glücks in unseren Genen festgeschrieben ist. Manche Menschen scheinen einfach die Veranlagung zu einem fröhlichen Gemüt und damit zu einem glücklicheren Leben in ihrer DNA zu tragen, andere nicht.

Vierzig Prozent eines gelungenen Lebens fußen auf
Entscheidungen, die wir selbst fällen.

Das wäre an sich nicht wenig. Zu mehr als einem Drittel selbst zu dem Leben beitragen zu können, das uns glücklich macht, ist eine gute Quote. Trotzdem scheint es in der Natur von uns Menschen zu liegen, uns einzubilden, dass wir das Gute in jemand anderem weit besser erkennen können als die Betreffenden selbst. Eltern sind in der Disziplin wahre Meister. Nicht nur, dass sie uns eine genetische Basis mitgeben, sie versuchen auch weiterhin, nämlich praktisch von Geburt an, unsere Wege zu steuern. Ihre Erziehung macht uns zu einem Gutteil zu dem, was wir sind. Allerdings ist es nicht immer das, was wir sein sollten. Oder wollen.

Es gibt Menschen, die haben eine gewisse Vorstellung von ihrem Leben. Sie spüren die Richtung, in die sie sich bewegen sollten in sich. Künstlernaturen geht es besonders oft so. Vielleicht liegt es aber auch nur daran, dass gerade sie so vehement von ihrer Berufung abgebracht und in einen *normalen* Beruf gedrängt werden, in dem sie nicht glücklich sind, in dem sie nicht in Eudaimonie leben können.

Ich selbst komme aus einer Ärztefamilie. Meine Mutter, ich erwähnte es schon, war Psychiaterin, mein Vater war praktischer Arzt. Ich wollte, wie gesagt, eigentlich Zoodirektor werden. Ist mir nicht ganz gelungen. Aber vielleicht beginne ich die Geschichte lieber von ganz vorne.

Vom übergestülpten Leben

Wie es sich mitunter im Leben lustig ergibt, haben meine beiden Arzteltern eine Parfümerie in Feldkirch geerbt. Für meinen Vater war klar, dass meine Mutter sie führen musste, zumindest bis der Nachlass geklärt war, andernfalls hätten wir sie verloren. Meine Mutter wurde Geschäftsfrau und bat darum, es nicht groß an die Glocke zu hängen. Übergestülptes Leben Nummer eins.

Bei mir überschlugen sich die Optionen. Als Kind war ich sehr gern in dem Laden, mir gefiel diese Welt der guten Gerüche. Aber ich hatte höhere Pläne. Ich wollte Visagist werden. Ich weiß nicht, wie alt ich damals war, ich weiß nur noch, dass mein Vater in meinem Fall einsichtiger war als bei meiner Mutter.»Ja«, sagte er,»wenn dir das so gefällt, dann mach das, du musst nicht unbedingt Akademiker werden.« Vielleicht war er auch nur sehr gewieft, jedenfalls hatte er exakt den wunden Punkt getroffen. Die Vorstellung, nicht studieren zu können, war ein Horror für mich. In einer anderen Phase wollte ich Kellner werden. Ich stellte mir das sehr reizvoll vor, immer wieder neue Leute kennenzulernen und, wenn es mir danach sein sollte, überall auf der Welt arbeiten zu können.

Ich hätte mir also selbst fast zwei Leben übergestülpt, die ich vermutlich nicht in Eudaimonie verbracht hätte. Was nicht heißt, dass ich nicht für mein Glück kämpfen musste. Ich musste den Mut des Perikles einige Male aufbringen, um frei und damit glücklich sein zu können. Als Bub steckte man mich gegen meinen Willen ins Jesuiteninternat. Ich gewöhnte mich nicht an das Konvikt. In der dritten oder vierten Klasse trat ich in den Hungerstreik. Meine Eltern mussten mich herausnehmen, ich wäre sonst verhungert. Schon wieder einer Überstülpung entkommen.

Ich legte Stinkbomben im Kino

Obwohl ich von da an zu Hause wohnte, präsentierte ich mich auch in den nächsten Schulen – es gab da einige – als Rebell. Oder als das, was der Lehrkörper damals als rebellisch ansah. Ich war einfach nur sehr kritisch, sehr politisch und sagte, was ich dachte. Sonderlich gefestigt war ich in meinen Weltanschauungen dabei noch nicht, obwohl ich meine jeweilige Überzeugung eisern vertrat. Mit 14 war ich Kommunist, und zwar so richtig. Ich habe das wirklich durchgezogen, schloss mich später sogar der Studentenrevolution in Paris an. In der Heimat legte ich Stinkbomben im Kino, wenn sie Filme spielten, die meines Erachtens nicht politisch korrekt waren.

Die Lehrer brachte ich gegen mich auf, weil ich sie gerne korrigierte. Als wir in Geografie Hawaii durchnahmen, nannte der Professor als wesentlichen Wirtschaftsfaktor der Insel die Ananas-Agave. Ich stand auf und sagte: »Bitte, das stimmt nicht, was Sie da sagen.« »Rotzbub«, erwiderte der Professor, »was soll das?« Ich erklärte: »Es ist nicht eine Agave, sondern es ist eine Bromeliaceae!« Meine Belehrung kam natürlich nicht so gut an beim Herrn Professor. Was er nicht wusste: Ich befand mich schon im Vorstadium des Zoodirektors, weshalb ich vorhatte, Biologie zu studieren, und las wie ein Wilder alles, was mir zu dem Thema in die Finger kam. *Brehms Tierleben* konnte ich auswendig und auch in der Botanik kannte ich mich ziemlich gut aus. Wenn mich etwas interessierte, war ich immer ein bisschen extrem.

Dann flog ich vom Gymnasium

Mit 16 bekam ich in Betragen einen Vierer. Das war das Ende meiner Schulkarriere, denn damit war ich für öffentliche Gymnasien gesperrt. Mein Vater war schon dabei, sich in der Schweiz nach Privatschulen zu erkundigen, die allerdings unbezahlbar waren. Einer seiner Patienten erzählte ihm dann von einer Externistenmatura in Wien. Kurz darauf fing ich in der Roland-Schule an und war dort der beste Schüler überhaupt. Ich war frei, ich war glücklich, ich war erfolgreich. Ich lernte, weil und wann ich es selbst wollte. Ein Jahr später musste ich ein Ansuchen stellen, um mit 17 vorzeitig maturieren zu dürfen. Ich war schließlich zu dem gekommen, was ich mir vorgestellt hatte. Aber es war immer mit einem Kampf verbunden.

Dass ich nicht Zoodirektor wurde, tut mir heute nur in sentimentalen Minuten leid. Ich entschied mich für die Medizin und es war offenbar eines dieser vierzig Prozent an eigener Entscheidung, die laut Harvard glücklich enden. Und es zählt ebenfalls zu diesen vierzig Prozent, dass ich mir das eine Jahr Karenz vom AKH nahm, das ich schon im Kapitel über die Angst kurz erwähnte. Ich ging in die USA, nach Chicago ins Michael Reese Hospital. Meine Kollegen warnten mich, dass mich niemand mehr kennen würde, wenn ich zurückkam. Eigentlich wäre das eher ihre eigene Befürchtung gewesen, insgeheim beneideten sie mich. Mir war beides egal, ich wollte Neues entdecken, lernen, denken. Der Rebell war wieder am Ruder und heute kann ich sagen, er hat hundert Prozent recht gehabt.

Durch mein Karenzjahr hat sich eine extreme Bandbreite ergeben. In mehreren Spitälern lernte ich die komplette Palette der Medical Care kennen – von der Erstversorgung sozial Benachteiligter bis zu privater Spitzenmedizin. Von Chicago ging ich nach Los Angeles ins County Hospital. Es war dort medizinische Fließbandarbeit angesagt. Und in Florida habe ich die Privatmedizin kennengelernt – hochluxuriös, aber unbezahlbar für Durchschnittsverdiener. Wieder in Wien brachte ich meine Erfahrungen in unserem sehr bewährten medizinischen Sozialsystem unter. Ich gründete im AKH die erste Ambulanz für Wechselbeschwerden und Osteoporoseprophylaxe in Europa. Endokrinologie in der Menopause, das ist ja mein eigentliches Spezialgebiet. Die Eröffnung wurde mit einer kleinen Notiz in der Zeitung bekannt gegeben und das Interesse war dann so groß, dass erstmals die gesamte Telefonzentrale des AKH zusammenbrach. Das war Mitte der 1980er. Damals war Hilfe für Frauen im Wechsel quasi inexistent.

Ich erinnere mich, dass ich als junger Assistenzarzt dem Beratungsgespräch des ersten Oberarztes mit einer Patientin beiwohnte. Sie klagte über Wallungen und Schlafstörungen und er riet ihr allen Ernstes:»Versuchen Sie es mit kaltem Duschen und meiden Sie scharfe Gewürze.« Das war die ganze Beratung und es ist eigentlich nur vierzig Jahre her. Wenn die Frauen auf ihre Schlafstörungen hinwiesen, meinten die Ärzte:»Ja, ja, hab ich auch.« Ich schwöre, das war die Antwort. Ich habe es selbst mitgehört.

Verhindertes Anti-Aging

Wenn wir machen, was uns Freude bereitet, weil es in uns drinnen ist, dann leben wir in Eudaimonie, die wiederum unsere Entzündungswerte im Körper senkt. Natürlich ist das der Bestfall. Nicht jeder, nicht jede von uns weiß so genau, was uns ein Leben lang erfüllen wird.

Auch ich leite keinen Zoo. Aber ich beschäftige mich mit Pflanzenhormonen und habe einen Hühnerstall – immerhin. Ich weiß allerdings auch aus eigener Erfahrung, dass selbst wahre Berufung nicht immer ausreicht für ein Leben ohne vorzeitiges Altern. Ich habe im AKH gearbeitet. Es gibt Umgebungen, da kannst du nicht du selbst sein.

Der private Schauplatz vieler übergestülpter Leben ist übrigens auch die Beziehung. Den Partner oder die Partnerin zu ändern, ist ein uraltes Gesellschaftsspiel unter Menschen. Ein klassisches Beispiel dafür hatte ich in meiner eigenen Familie. Mein Bruder, leider schon verstorben, war plastischer Chirurg. Innerlich ein Forschertyp, der sich mit intrauterinen Operationen beschäftigte, als das in der Medizin noch gar nicht bekannt war. Er war sieben Jahre älter als ich und ebenfalls bei den Jesuiten. Im Gegensatz zu mir hätten sie ihn gern behalten.

Vermutlich wäre er von seiner Natur her im Kloster wirklich am besten aufgehoben gewesen. Eigentlich war er nicht für diese Welt geschaffen, schon gar nicht für die, in der man Karriere machen sollte. Seine Frau sah das anders. Sie fand, ein plastischer Chirurg sollte sich auch entsprechend in seinem Lebensstil präsentieren und das müsse man auch sehen, am Haus, am Auto, an der Garderobe. Mein Bruder war ein Mensch, der es gar nicht bemerkte, wenn er zwei verschiedenfarbige Socken trug. Trotzdem hatte er sich folgsam einen Porsche gekauft. Er hatte ihn schon ein gutes Jahr und als ich einmal mit ihm auf der Autobahn fuhr, sagte ich zu ihm: »Du kannst ruhig die Fünfte einlegen.« »Was«, fragte mein Bruder, »der Porsche hat fünf Gänge?«

Er saß in dem Auto, wie in seinem Leben, nicht am richtigen Fleck. Bei ihm habe ich beobachtet, dass es verschiedene Phasen gibt, um es sich trotzdem irgendwie einzurichten. In Gesprächen mit mir betonte mein Bruder zum Beispiel immer wieder, wie gern er arbeitete und wie froh er war, dass seine Ordination so gut lief. Es ist die Phase des Schönredens und eine Zeit lang funktioniert dieser Mechanismus tatsächlich sehr gut. Ich achtete dann auch bei anderen darauf, etwa bei Freunden, die ich lange nicht gesehen habe. Fragt man sie, wie es ihnen geht, bekommt man überwiegend Superlative zu hören:»Großartig, so gut ist es mir überhaupt noch nie gegangen.« In diesen Momenten beschleicht mich immer die Angst, dass es in zwei, drei Monaten eine Katastrophe geben wird – Scheidung, Konkurs, Krankheit, irgendwas.

Das Schönreden ist für mich eine Art Entzündungsmarker. Im Hinblick auf Anti-Aging halte ich das für ein Riesenproblem.

Es ist schlicht eine Lüge, allerdings nicht zu verwechseln mit der niveauvollen Lebenslüge. Von Niveau kann nicht die Rede sein, wenn wir auf der Klaviatur unserer empathischen Gene ausschließlich die falschen Tasten drücken. Wir zerstören damit die Melodie der Eudaimonie.

Von Beruf jung

Ich glaube, dass zufriedene Menschen ein feines Gehör für ihre innere Stimme haben. Und damit meine ich nicht nur Dirigenten, die in Sachen Anti-Aging tatsächlich irgendwas verdammt richtig machen müssen, sonst würden nicht so viele von ihnen über neunzig werden. Dieser Beruf verlangt alles, was für ein langes Leben wichtig ist. Man muss nicht nur mit Menschen ebenso gut können wie mit Noten, man ist Pädagoge und Führungspersönlichkeit, Administrator und Manager, Rampensau und Spitzensportler. Man ist Musiker, Musiktheoretiker, Musikhistoriker, man bereitet ein Werk in Gestalt, Form und Inhalt auf. Man studiert Zeit, Umstände und Charakter des Komponisten und liest die Partituren, bis man sie bis zur letzten Achtelpause auswendig kann. Man braucht ein absolutes Gehör, gibt den Takt vor, bestimmt das Tempo und spielt selbst ein oder mehrere Instrumente. Dazu herrscht man über ein Orchester von mehr als hundert Mitgliedern, von denen man jede Sekunde wissen muss, was sie gerade tun oder in der nächsten Sekunde tun sollen. Man koordiniert Musiker mit Sängern und schlägt sich mit Intendanten herum. Wenn man mit diesem Anforderungsprofil nicht hundert wird, dann weiß ich auch nicht.

Leopold Stokowski, der 95 wurde, hat einmal vermutet, dass es vielleicht an dem Vergnügen liege, anderen seinen Willen aufzuzwingen. Anderen etwas überzustülpen, hält offenbar jünger, als selbst etwas übergestülpt zu bekommen.

155

In der Akademie der Wissenschaften hat man einmal erhoben, dass die Forscherelite des Landes bei Weitem die meisten Jahre auf dem Buckel hat, nämlich sechs Jahre mehr als der Rest der Österreicher. Dass es sich dabei vor allem um Männer handelte, liegt ebenfalls am hohen Durchschnittsalter. Um Frauen in der Statistik berücksichtigen zu können, fragen wir dann in ein paar Jahrzehnten noch einmal nach, wenn die vielen wunderbaren Wissenschaftlerinnen, die endlich nachgekommen sind, selbst in die Jahre kommen. Während Physiker, Ärzte und Ingenieure ganz oben auf der Liste rangieren, bilden Maurer, Maler und Bauarbeiter, vor allem aber Gleisbauer oder Dachdecker die Schlusslichter. Mit einem nachlässigen Anti-Aging-Lebensstil hängt das bei ihrem Berufsrisiko allerdings nicht zusammen.

Seltsam ist, dass auch Kellner gefährlich leben. Das geht zumindest aus den Datenbanken der Versicherungen hervor, die sämtliche Berufe auf ihr Gefahrenpotenzial abgeklopft haben, um bei Lebensversicherungen mit Berufsunfähigkeitsschutz rechtzeitig Argumente bei der Hand zu haben, warum die Prämie in diesen Fällen leider das x-Fache betragen müsse. In Gruppe eins der Einschätzung liegen Zahnärzte, Anwälte und Steuerberater, in Gruppe fünf Sprengmeister, Zimmermänner, Gerüstbauer und Kellner. Puh, dachte ich, knapp an der Gastro vorbeigeschrammt, da habe ich noch einmal Glück gehabt.

Auf der Suche nach der eigenen Seele

Haben wir uns einmal verbogen, ist es nicht ganz leicht, uns wieder aufzurichten. Die Seele hat sich verkrochen und es ist ganz unerheblich, ob wir verbogen wurden oder uns selbst so gewunden haben, bis alles in uns schief war. Um die Wohnadresse seiner Seele herauszufinden, muss man Detektiv in eigener Sache sein. Es gibt aber einen bombensicheren Hinweis: Weit kann sie nie sein. Sie ist auf jeden Fall in uns.

Es ist ein Gefühl der Heimatlosigkeit, das wir spüren, wenn wir kein Zuhause haben, das mit Eudaimonie tapeziert ist. Wir fühlen uns entwurzelt, die Seele ist sozusagen obdachlos. In Europa wohnt sie üblicherweise im Herzen, in Asien lebt sie im Bauch. Wenn sie von dort auszieht, dann aus guten Gründen. Sie liegt bei jedem von uns woanders. Bei den einen stellt die Existenzangst den Delogierungsbescheid aus, andere halten die Hektik nicht aus, wieder andere sind privat todunglücklich. Letztlich ist es aber nie ein Problem allein, das die Seele in den Schutzbunker treibt, sondern die Überforderung auf mehreren Ebenen gleichzeitig. Das sicherste Mittel, die Seele wieder heimzubringen, ist nicht, ihr hinterherzuhetzen. Hinsetzen, atmen, nichts tun – das lockt sie wieder heraus.

Grundsätzlich stecken wir in unserer digitalen Gesellschaft in einer tückischen Zwickmühle. Im Kollektiv schreiben wir uns selber vor, was wir tun und nicht tun, wie wir sein und nicht sein sollen, was wir zu machen und zu lassen haben. Und das alles mit der Auflage, ganz wir selbst zu sein. Ich frage mich: Also was jetzt? Wir sollen auf unsere eigene Art schön sein, aber dabei exakt dem herrschenden Schönheitsideal entsprechen. Wir sollen Rückgrat zeigen, aber nur in der Haltung, die als die einzig richtige gilt. Wir sollen wir selbst sein, aber nicht anders als die anderen.

Mich wundert es nicht, dass sich etwas überstülpen zu lassen, einen Drang zur Selbstzerstörung bewirken kann, der uns innerlich zerfrisst. Wir glauben, dass wir die Dinge unter Kontrolle haben, aber wie die Geschichte meines Bruders zeigt, stimmt das meistens nicht. Interessant dabei ist, dass dieses Phänomen vor allem in der sogenannten Best-Ager-Generation zu beobachten ist, also von fünfzig aufwärts. Die Jüngeren widersetzen sich dem Prinzip erstmals durchaus erfolgreich. Junge Menschen verweigern alles, was ihrem Gefühl nach nicht zu ihnen passt. Eine sehr gesunde Einstellung, die allerdings von den Älteren nicht ganz verstanden wird. Sie unterstellen den Jungen Faulheit, was besonders deutlich zu hören ist, wenn das Wort »fleißig« fällt.

Im Wortschatz der Golden Ager sind die Begriffe »tüchtig« und »fleißig« fest eingespeichert. Sie gelten als Tugenden, für die man belohnt wird, wenn man sie nur ein Lebtag lang durchhält. Im Sprachgebrauch der jüngeren Generationen ist jemand mit einem Lebenskonzept, das auf Fleiß fußt, nahe am Trottel. Das, was die Älteren mit Faulheit verwechseln, ist eine Haltung, die mehr zur Gesellschaft beiträgt, als es auf den ersten Blick aussieht. In Wahrheit sind junge Menschen in ihrem mit ihnen selbst übereinstimmenden Tun viel effizienter als ältere Menschen, die diszipliniert das für sich Falsche machen.

Eine Untersuchung unter Studierenden an der Wirtschaftsuniversität Wien bestätigt das. Ein Stichwort dabei dürfte Selbstkontrolle sein. Wissenschaftler baten in der Studie eine Gruppe von jungen Testpersonen, ihre Ziele für eine Woche festzulegen, sie nach verschiedenen Kriterien zu bewerten und darüber Tagebuch zu führen. Als die Woche abgelaufen war, testete man die Studenten auf ihre Selbstkontrolle und wertete dann die Daten aus. Das Ergebnis war eindeutig: Die Probanden mit einer hohen Selbstkontrolle hatten ihre Ziele so gewählt, dass sie ihrer Persönlichkeit, ihrem Selbst entsprachen, und sie erreichten sie auch. Bei dem, was sie sich vornahmen, stand weniger im Vordergrund, was andere von ihrem Tun halten könnten. Wichtig war ihnen, dass sich ihre Ziele mit ihren eigenen Werten vereinbaren ließen. Die sehr authentische Vorgehensweise hatte außerdem zur Folge, dass die Selbstkontrolleure mehr Durchhaltevermögen hatten und schnelle Fortschritte machten.

Übungen für mehr Einklang mit sich selbst

Übung Nummer eins: Um überhaupt zu merken, dass man nicht im Gleichschritt mit sich selbst unterwegs ist, helfen drei essenzielle Fragen: Was tut mir gut? Was schadet mir? Was will ich? Gestellt sind sie schnell, diese Fragen, die Antworten können dauern.

Übung Nummer zwei: Beobachten Sie sich selbst, und zwar so, als sähen Sie sich zum ersten Mal. Erkennen Sie: Was macht mir Freude? Was gibt mir ein heimeliges Gefühl? Wovon hängt es ab, dass ich abends zufrieden schlafen gehe? In welchen Momenten fühle ich mich verloren? Vorerst genügt allein das Fragen. Wenn Sie nichts mehr Neues entdecken, gehen Sie einen Schritt weiter und erkunden das Warum dahinter. Schreiben Sie die Erkenntnisse auf.

Übung Nummer drei: Finden Sie den richtigen Ton für sich mithilfe von Klängen und Vibrationen. Klangschalen, Gongs und Trommeln fördern die innere Balance und entspannen. Sie sprechen Körper, Geist und Seele gleichermaßen an und können sogar sehr tiefe Emotionen auslösen. Das hilft bei Schlafstörungen, Reizdarmsyndrom, Verspannungen und im Sinne des Anti-Agings bei extremen Stressbelastungen.

Variante eins: Konzentrieren Sie sich auf den Ton einer Klangschale. Das geht mit einem Coach oder auch daheim über YouTube. Der Körper ist entspannt, Sie folgen dem Ton, bis er komplett verklungen ist. Wiederholen Sie die Übung öfter mit ein und demselben Ton und achten Sie darauf, welche neuen Nuancen Sie heraushören können.

Variante zwei: Bei einer Klangschalenmassage geht es um die Vibrationen. Die Schale wird auf dem Brustkorb platziert und mit einem Gong angeschlagen. Klang und Vibrationen breiten sich im gesamten Körper aus.

Kapitel zehn

DAS RICHTIGE MASS

Menschen sind egoistisch, das liegt in unserer Natur. Den Unterschied macht die Intensität, mit der wir die Eigenschaft ausleben. Was es braucht, ist gesunde Disziplin. Distanz zum Hochmut.

»Nicht wer wenig hat, sondern wer viel wünscht, ist arm.«
Für mich bringt der römische Denker Seneca das Problem, das der Mensch mit dem richtigen Maß hat, auf den Punkt. Wobei ich gestehen muss, dass es der steirische Heimatdichter Peter Rosegger noch besser getroffen hat: »Arm ist nicht, wer wenig hat, sondern wer viel braucht.« Seneca und Rosegger, was für eine Verbindung. Und doch haben die beiden in dieser Frage einhellig recht. Das richtige Maß zu überschreiten, ist ein Armutszeugnis für uns. Mehr noch, es ist einer der ganz großen Gründe für das vorzeitige Altern. Es sind wieder einmal die sogenannten Hauptsünden, die das Christentum schon sehr früh und dramatisch mit dem Begriff »Todsünden« bedacht und damit den Pro-Aging-Effekt derselben vorweggenommen hat. Und es stellt sich immer mehr heraus, dass sie ja wirklich die Übeltäter im Alterungsprozess sind.

Jede Todsünde ist ein Übermaß an Charaktereigenschaft. Und wenn Seneca und Rosegger schon ein ungleiches Duo sind, mache ich jetzt mit der Schriftstellerin Marie von Ebner-Eschenbach ein Trio daraus. Sie sagte diesen Satz:

Es ist schwer, sich mit wenigem zu begnügen, aber unmöglich, sich mit vielem zufriedenzugeben.

Hat man einmal die Abbiegung zum richtigen Maß verpasst, gibt es keine Grenze mehr. Das Ziel heißt »Mehr« und kann nie erreicht werden. Je näher man ihm kommt, desto weiter schiebt es sich hinaus. Und auch dazu fällt mir noch ein Spruch ein. Der französische Schauspieler Jean-Paul Belmondo verglich die Versuchung, die am Beginn jedes Zuviels steht, mit einem Parfüm, das man so lange riecht, bis man die Flasche haben will.

Maßloses Ego

Es ist immer unser Ego, das an der Flasche hängt. Dieser eine Teil von uns, der uns selbstbezogen, rücksichtslos und unsensibel macht. Egoisten haben keinen guten Ruf in unserer Gesellschaft, gleichzeitig aber bewundern wir sie auch. Egoisten sind Menschen, die sich Wünsche erfüllen und Erfolg haben. Dass sie dabei die Ellbogen einsetzen, ist schrecklich, sofern wir zu denen gehören, die sie zu spüren bekommen. Andernfalls nennen wir es Durchsetzungsvermögen und hätten gern selbst eine Scheibe davon.

Menschen sind egoistisch, das liegt in unserer Natur. Den Unterschied macht die Intensität, mit der wir diese Eigenschaft ausleben. So sieht es auch die Psychologie. Sie definiert den Egoismus als Einstellung und Verhaltensweise, die das eigene Ich gegenüber den Interessen anderer Menschen bevorzugt. Und man unterscheidet tatsächlich zwischen dem natürlich gesunden und dem krankhaft übertriebenen Egoismus.

Schauen wir uns die beiden kurz genauer an. Der gesunde Egoismus hat einen Kumpel namens Selbstbewusstsein. Die beiden sind Hünen von der Statur und bewegen sich wie Revolverhelden im Wilden Westen beim Duell. Aber in ihren Herzen wohnt der Beschützerinstinkt eines Sheriffs. Sie helfen uns dabei, an uns zu glauben, und geben uns einen Rempler, wenn es nötig ist, für uns selbst zu kämpfen. Zum Beispiel, wenn uns jemand etwas überstülpen will, womit wir nicht im Einklang mit uns selbst sind. Mit so einem Egoismus leben wir in reiner Eudaimonie.

Auffallend ist, dass die Grenzen zwischen Egoismus und Selbstlosigkeit verschwimmen. Wissenschaftler haben beobachtet, dass sich extrem karrierefixierte Menschen in ihrer Freizeit sehr für andere engagieren. Als wollten sie etwas von ihrem Erfolg abgeben. Die Psychologie hat einen eigenen Namen dafür, man nennt das »kooperativen Egoismus«. Solange man niemandem schadet, ist Egoismus ein Motor. Eigentlich waren viele große Denker der Menschheitsgeschichte mehr oder weniger große Egoisten.

In dem Moment, da das Ego in die Unerbittlichkeit abdriftet, beginnt das Zuviel. Wir können das beobachten, es steht den Leuten ins Gesicht geschrieben. Ich erinnere mich an die Fratzen der Wall Street, gezeichnet von der Gier. Künstler haben das über die Jahrhunderte in ihren Werken dargestellt, wir können es uns in den großen Museen dieser Welt anschauen. Die Gier macht jeden Menschen hässlich. So einen Hedgefonds-Manager vor dem Zusammenbruch von Lehman Brothers, geifernd nach Erfolg, größenwahnsinnig in der Selbst-

überschätzung, möchte man sich ungern zum Abendessen einladen.

Spitzensport – das Olympia des Alterns

Bewegung schützt unsere Zellen vor der Alterung. Regelmäßiger moderater Sport wie Joggen, Schwimmen oder
auch gemäßigtes Krafttraining senkt das biologische
Alter. Wir sind da und dort schon darauf eingegangen.
Bemerkenswert ist, dass wir selbst mit fünfzig noch damit anfangen und den Zustand unserer Zellen damit
so verbessern können, dass sie den Alterungsprozess
verlangsamen.

An der Medizinischen Hochschule Hannover setzte
man die eigenen Mitarbeiter jeden Tag dreißig Minuten
lang auf das Ergometer. Nach sechs Monaten ermittel-
te man ihr biologisches Alter. Sie hatten sich um sagen-
hafte 15 Jahre verjüngt. Konkret verbesserte sich der
Kreislauf und besonders die Funktion der linken Herz-
kammer, der Ruhepuls wurde niedriger und der Blutdruck fiel bei manchen Teilnehmern dauerhaft unter das
Ausgangsniveau.

Bei Spitzensportlern sieht die Bilanz trister aus. Es
war eine groß angelegte Studie der Hochschule Koblenz
mit mehr als 6.000 deutschen Olympiateilnehmern, sie
lief von den Winterspielen 1956 in Cortina d'Ampezzo
bis zu Olympia im Sommer 2016 in Rio. Das Ergebnis
war erstaunlich, aber eindeutig: Erfolg im Spitzensport

bezahlt man mit seinem Leben, vor allem wenn man männlich, Goldmedaillengewinner und Mitglied des westdeutschen Teams war. Das Sterberisiko von Athleten bis 34 Jahre lag dabei in allen Generationen noch deutlich über dem der deutschen Gesamtbevölkerung. Ab 1995 war es dann doppelt so hoch, und das auch bei den ostdeutschen Sportlern. Trotzdem hatten sie immer noch eine bessere Lebenserwartung als die Olympioniken aus dem Westen.

Woran genau das liegen konnte, erklärte die Studie nicht. Womöglich spielten die Folgen von Doping mit, vielleicht auch die Einstellung der Sportler. Ein derartiges sportliches Niveau erreicht niemand, der nicht überdurchschnittlich willensstark ist, um sich immer wieder selbst zu überwinden, und nicht übermäßig ehrgeizig, um die eiserne Disziplin aufzubringen, ohne die man kein Spitzenathlet wird. Wer gewinnen will, darf sich offenbar gar nicht am rechten Maß orientieren.

Disziplin und innere Stimme

Die Beherrschung unseres eigenen Willens, unserer Gefühle und Neigungen, um etwas zu erreichen, ist die eine Definition. Allerdings ist unser Verständnis von Disziplin gespalten. Denn es geht auch um das Einhalten von Vorschriften und darum, sich in die Ordnung einer Gruppe oder Gemeinschaft einzufügen. Nicht ungefährlich, wie die Geschichte gezeigt hat – und immer noch zeigt.

Selbst fast achtzig Jahre danach hat sich unsere Vorstellung von Disziplin immer noch nicht ganz von der Prägung gelöst, die ihr der Nationalsozialismus aufgebrannt hat. Damals verstand man darunter einen im Grunde militärischen, zum Dogma erhobenen Drill, der die Menschen ungeachtet ihrer Besonderheiten, ihrer Bedürfnisse und ihrer Begabungen über einen Kamm schor. Das Funktionieren ist in uns verankert, zumindest in den reiferen Generationen. Gefühlsmäßig liegen Disziplin und Disziplinarverfahren da eng beieinander. Dabei waren wir auf dem Gebiet schon einmal recht gut unterwegs gewesen.

Die Sternstunde auf der Suche nach dem rechten Maß schlug mit Platons Plädoyer für die innere Stimme. Das Äußere, so der Gedanke, könne nur dann gut sein, wenn die Vorbereitung im Inneren stimme. Anders gesagt: Der Mensch möge nicht alles als gegeben und gottgewollt hinnehmen, sondern selbst etwas beitragen.

Gemeinsam mit Sokrates entwickelte er den pädagogischen Entwurf, dass man keine Aufpasser mehr bräuchte, wenn jeder sein eigener Aufpasser sein könnte. Das würde voraussetzen, dass jeder selbst zwischen Richtig und Falsch unterscheiden könne. Das Unrecht wäre damit aus der Welt geschafft.

Die innere Stimme war etwas Revolutionäres. Sie gab praktisch jedem Menschen einen inneren Kompass in die Hand, der ihm das richtige, mit ihm übereinstimmende Maß anzeigte. Die Frage ist, was der Gier des Egos und dem Bedürfnis des Selbst entspringt. Die Antwort ist nicht leicht, weil die Gier den Genuss so mühelos überdeckt. Die Grenzen auszuloten und zu beherzigen, ist die wahre Disziplin und eine der wichtigsten Quellen der Jugend. Nicht nur für unsere, sondern auch für die unserer Nachkommen. Von Gandhi stammt dieser Satz:

Die Welt hat genug für jedermanns Bedürfnisse, aber nicht für jedermanns Gier.

Die Dosis macht das Gift

Paracelsus gibt den entscheidenden Hinweis: Ein bisschen Übers-Ziel-Schießen ist erlaubt. Das Prinzip von Dosis und Gift stimmt nur ein einziges Mal im Leben nicht, nämlich zu Beginn. Bei Kindern gilt: Je mehr sie sehen, desto mehr wollen sie sehen. Im Englischen klingt es noch ein wenig rhythmischer: The more you see the more you want to see. Je mehr Kinder mit Neuem konfrontiert werden, desto neugieriger werden sie.

In jungen Jahren regiert der Hedonismus. Und das soll er auch. Alles, was es aufzusaugen gibt, wird aufgesaugt. Das macht unsere Lebenserfahrung aus, zu der auch die Fehler gehören, die wir aus überbordender Lebensfreude nun einmal machen. An Eudaimonie besteht jetzt noch kein Bedarf. Es kommt bloß drauf an, dass wir rechtzeitig die Kurve kriegen.

Gelingt natürlich nicht jedem von uns. Meine Erfahrung ist es sogar, dass es nur die wenigsten schaffen. Ich habe aber auch beobachtet, dass es einen gewissen Automatismus gibt, der die Dinge für uns regelt. Ein paar Jahrzehnte sind wir auf der Autobahn des Lebens auf der Überholspur unterwegs und nehmen in halsbrecherischer Akrobatik trotzdem noch mit, was am Wegesrand liegt. Wenn wir diese hedonistische Lebensweise ohne Herzinfarkt überleben, dann kommen wir fast automatisch in die eudaimonische Phase. Ich finde das sehr beruhigend.

Oft schaue ich mir meine Patientinnen und Patienten an und denke: Alle Achtung, da fährt jemand mit hundert Sachen direkt auf die Wand zu. Mit einer Person sitzen da die vier verlässlichsten Begleiter in die Katastrophe vor mir: Übergewicht, Fettstoffwechselstörung, Bluthochdruck und Diabetes – die metabolischen Vier. Das kann nicht gut gehen, denke ich, und oft genug habe ich leider damit recht. Der Körper stoppt die rasante Fahrt mit einem Infarkt, der entweder tödlich enden oder die Brücke ins hohe Alter sein kann.

Es gibt eine einfache Formel:

Wer die achtzig erreicht, hat bessere Chancen,
neunzig zu werden, als Siebzigjährige, bis in die
Achtziger zu kommen.

Bevor wir jetzt zu den Übungen kommen, möchte ich Ihnen noch von einer Begegnung mit meinem Kollegen, dem Psychiater Reinhard Haller, erzählen. Bei einer Dis-

171

kussion über das Thema »Die sieben Todsünden und das Anti-Aging« berichtete er, dass ihm bei der Völlerei auffiel, dass unter all den Alkoholabhängigen, die er in seiner Klinik behandelte, eigentlich kein Sommelier war. Das gilt für alle Maßlosigkeiten: dass der bewusste Genuss das beste Heilmittel gegen das Übermaß ist. Ob Sexsucht, Eifersucht oder Selbstsucht, die nichts anderes sind als Hochmut. Mit seinem Selbst genüsslich, also in Freundschaft, umgehen und bitte nicht in übersteigerter Liebe zu sich selbst. Wer sein Antlitz im Spiegel am liebsten küssen würde, für den ist der Weg zum Narzissmus nicht mehr weit. Also vergessen Sie nie: Sucht ist in jedem Bereich Pro-Aging.

Übungen, die uns zum richtigen Maß verhelfen

Übung Nummer eins: Erkennen Sie Ihre Grenzen – beim Essen, beim Trinken, beim Glücksspiel, beim Sex. Sie müssen Ihre Grenzen nur kennenlernen, noch nicht einhalten. Sollten Sie sie überschreiten, ist das noch kein Malheur, sofern Ihnen das Zuviel bewusst ist.

Übung Nummer zwei: Nehmen Sie Ihre innere Stimme wahr und verbünden Sie sich dazu mit Ihrem Körper. Wie reagiert er auf Ihre Gedanken zu einer Entscheidung? Fühlt er sich schwerer an, tut Ihnen diese Entscheidung nicht gut. Fühlen Sie eine körperliche Leichtigkeit, bietet die Entscheidung mehr Möglichkeiten für Sie. Beginnen Sie mit einfachen Fragen, bevor Sie sich an die komplexeren heranwagen.

Übung Nummer drei: Die innere Stimme hört man nicht, wenn draußen Höllenlärm herrscht. Suchen Sie die Stille. Setzen Sie sich allein 15 Minuten lang in einen ruhigen Raum und schauen Sie aus dem Fenster. Oder gehen Sie gleich in die Natur. Je öfter Sie sich zurückziehen, desto lauter wird Ihre innere Stimme.

Übung Nummer vier: Machen Sie sich zum wichtigsten Menschen in Ihrem Leben. Ein paar Minuten pro Tag reichen. Bringen Sie die Stimmen der anderen zum Verstummen, hören Sie nur auf sich selbst. Fragen Sie sich: Wie geht es mir gerade?

Kapitel elf

WER UNS JUNG HÄLT ODER ALT AUSSEHEN LÄSST

Manche Leute sind Energieräuber, für mich sind das vor allem die Normopathen. Sie spucken uns in den Jungbrunnen. Aber es gibt auch genügend Menschen, die uns jung halten. Man muss sie nur finden.

Es war eine harte Schule für einen naiven Vorarlberger. Wien zeigt einem schnell, wo Freundschaft zu Hause ist und wo nicht. Ich landete quasi in einer Hochburg des »Wo nicht«. Wie jedes große Krankenhaus ist auch das AKH keine Klosterschule. Wobei Wien für einen Vorarlberger an sich schon ein rutschiges Pflaster ist. Ich lebe mittlerweile lange und gerne hier, aber es waren nicht zuletzt meine Erfahrungen in dieser Stadt, die mich auf die Todsünden des Alterns gebracht haben. Ich lebte in einem großartigen Biotop, wo ich sie ausgiebig und in allen Variationen studieren konnte. Und genau das war auch wieder mein Glück, es hat ja alles auch etwas Gutes.

Die erste Freundschaft, die man in so einem Fall schließen muss, ist die mit dem eigenen Selbstvertrauen. Sonst gehst du unter. Ganz nach Mark Aurel verliebte ich mich nicht in mein Selbst, ich redete mit ihm in aller Ehrlichkeit. Es war ein genussvoller Umgang mit dem Selbst. Mit diesem Vertrauen geharnischt kam ich gut durch. Viele meiner Freunde lernte ich durch den Beruf kennen. Und sie polierten mein Selbstwertgefühl noch weiter auf. Später fiel mir eine deutsch-niederländische Studie in die Hände, die diesen Effekt belegte.

Man sagt, jeder Mensch habe eine Handvoll Freunde, ein Dutzend Kumpel und hundert gute Bekannte. In den vergangenen Jahrzehnten können über die sozialen Medien noch ein paar Tausend Follower dazukommen, aber die Rede ist hier von Menschen, die man wirklich kennt. Mit vielen hat man Freude, mit etlichen

ein Glück und mit anderen bloß Scherereien. Wir leben
zwischen Kraftquellen und Energieräubern. Die einen
halten uns jung, die anderen machen uns alt.

Gute Ausstrahlung, die uns jung hält

Im Gegensatz zur Verwandtschaft kann man sich die Freunde aussuchen. Sie spiegeln unsere Werte und Interessen wider und modellieren mit an unserem Charakter. Eine kanadische Studie ergab, dass alle, die ihre Freundschaften pflegten, gesünder und weniger gestresst waren als die Einzelkämpfer. Besonders gut ging es den Menschen, wenn sie ihre Freunde oft persönlich trafen, gemeinsam etwas unternahmen und viele Gespräche führten. Man machte es sich also mitten in der Eudaimonie bequem.

Irgendwo habe ich einmal ein paar Zahlen über unsere Freundeskreise aufgeschnappt. Drei bis sechs Menschen, Familie oder Freunde, bilden den innersten Zirkel um uns. Sie sind unsere Vertrauten, auf sie kann man sich verlassen. Wie lange man einander kennt, ist dabei nicht so wichtig. Im zweiten Zirkel tummeln sich zehn bis 15 Mitmenschen. Sie sind nicht unverzichtbar, würden aber doch ein Loch ins Netzwerk reißen, wenn sie plötzlich verschwänden. Mit wie vielen Menschen wir soziale Kontakte haben können, besagt die sogenannte »Dunbar-Zahl«, benannt nach dem gleichnamigen britischen Psychologen und Anthropologen. Die Kapazität unseres Gehirns reicht für hundert bis 250 persönliche Bekanntschaften.

Darunter sind bei jeder und jedem von uns ganz besondere Menschen. Typen, Originale, Abenteurer, Querdenker, großartige Spinner, erfrischende Sonderlinge. Menschen, die irgendwie anders sind – positiv, optimistisch, neugierig, gescheit, lustig. Sie machen uns Mut und stecken uns an mit ihrer Lebensfreude. Der Rest der Bekannten besteht grob gesagt aus Netzwerkfreunden, deren Fähigkeiten man schätzt, Sportsfreunden, mit denen man Ski fahren geht oder Golf spielt, oder Ausgehfreunden, mit denen man kein ernstes Gespräch führen würde, aber alle Sorgen vergessen kann.

Schlechte Energie, die uns alt macht

Ich habe einmal nur für mich eine kleine Charakteristik derer aufgestellt, denen wir alle aus dem Weg gehen sollten. Da sind vor allem einmal die Miesmacher. Man erkennt sie an ständiger Kritik. Sie haben an allem etwas auszusetzen und freuen sich über gar nichts. Hinterrücks ziehen sie über andere her, während sie uns ehrlich ihre schlechte Meinung über uns ins Gesicht sagen. Bloß weg, wenn so jemand um die Ecke biegt.

Für die Hiobsbotschafter ist das Leben nur lebenswert, wenn es schlechte Nachrichten weiterzugeben gibt. Nach dem Motto: Es gibt auf der Welt nichts, was besser wäre als das, was gerade passiert ist.

Die Selbstzerstörer brauchen nicht auf Unheil zu warten, sie ziehen es selbst an. Ein Mechanismus, der vor allem bei

Menschen zu erkennen ist, die mehr Zeit als Anerkennung haben und das mit Mitleid kompensieren wollen.

Die Energievampire, die sich in der digitalen Gesell-schaft am meisten vermehren, sind die Narzissten. Sie reden nicht mit anderen, sie sagen nur, was sie denken. Antworten interessieren sie nicht, ihre Kommunika-tion funktioniert ausschließlich in eine Richtung. Und die geht von ihnen in die Welt hinaus. Was zurückkom-men könnte, ist unerheblich. Einseitigkeit und Em-pathielosigkeit rächen sich im höheren Alter allerdings mit einem Abnehmen der Neuroplastizität.

Und bumm lässt sich die Demenz in den Fauteuil der überbordenden Selbstgefälligkeit fallen. Aus Desinteres-se an den Meinungen der anderen wird Sturheit. Im Alter kann man nur dazulernen, wenn wir im Austausch mit unseren Mitmenschen stehen. Diskutieren, andere Mei-nungen hören, davon profitiert unser Gehirn.

Mein persönlicher Spitzenreiter unter den Menschen, die uns in den Jungbrunnen spucken, sind die Normo-pathen. Sie haben das zwanghafte Bedürfnis, wie alle anderen zu sein. Es ist ein krankhaftes Normalsein und deshalb auch nicht zu verwechseln mit dem gesunden Mittelmaß. Sie sind keine Energieräuber wie die Narziss-ten, sie sind genau das Gegenteil: die Energielosigkeit auf zwei Beinen. Es ist, als umgäbe sie eine lauwarme Aura. Als hätte man Kleinkariertheit und Oberflächlichkeit zu einem neuen Biedermeier verkuppelt.

Gleichauf damit liegt für mich die Dummheit in Gestalt der Verschwörungstheoretiker. Die Geburt dieser Spezies heizt meine Entzündungswerte an wie eine Kernfusion. Mit ihnen diskutieren zu müssen, macht mich zum Greis.

Freundschaft im Wandel

Als Kind sind es die Familie und die Lehrer, die uns den Input geben, der uns weiterbringt. Ich weiß noch, dass meine Eltern mich in die Berge schleppten, um mir die Schönheit der Natur näherzubringen. »Uff d'Ussicht gib i nünt«, sagte ich. Kleine Übersetzung für alle, die nicht aus dem Ländle kommen: Auf die Aussicht gebe ich nichts.

Im Älterwerden ist mir jede Aussicht, die weit weniger prachtvoll ist als die vom Pfänder, wichtiger als irgendein banales Gespräch mit einem Normopathen. Mit den Jahren wird man selektiver. Das Alter hat ja auch seine erfreulichen Seiten. Ich bin da geneigt, mir ein Beispiel an meiner Mutter zu nehmen, die im Zugehen auf ihre fast hundert Lebensjahre zusehends dazu überging, Bekannte und sogar Freunde, die ihr nicht mehr guttaten, einfach wegzuschicken. Das hätte sie mit siebzig noch nicht gemacht. Irgendwann lässt man sich in seiner Eudaimonie nicht mehr stören, auch nicht von gesellschaftlichen Umgangsformen.

Bei mir beginnt das nun so langsam. Ich schaue zurück auf meine Zwanziger, als ich nächtelang mit Leuten diskutieren konnte, die für mich nicht den Funken eines positiven Karmas hatten. Ich kämpfte für meine Überzeugung bis fünf Uhr Früh. Das gelingt mir heute nicht mehr. Ich habe angefangen, meinen Freundeskreis auszusortieren. Viele aus meiner eigenen Generation werden merklich eigenartiger. Der eine redet nur von der Vergangenheit, ein anderer bloß vom Essen. Man entfremdet sich und ich denke mir, es wäre besser, wir würden uns nicht mehr treffen. Ich empfinde das als traurig, aber vielleicht geht es den anderen umgekehrt ja genauso. Dann ist es sicher besser, einander auszuweichen, als sich gegenseitig runterzuziehen. Oder sich zu verstellen. Auch das ist eine Art Verbiegen.

Toleranz als Botschaft

Gleichzeitig liegt mir die Botschaft am Herzen, für mehr Toleranz zu plädieren.

Jemanden, den wir seit Jahrzehnten kennen, können wir nicht ersetzen, sonst rennen wir durch das Tor, das uns die Einsamkeit aufhält, in die Isolation. Toleranz ist ein Anti-Aging-Mittel, das großzügig angewendet werden sollte.

Na ja, bei den anderen weiß man es immer besser als bei sich selbst.

Ich sag's ehrlich, ich will mir die Geschichten über die Söhne, die in Cambridge studieren, weil die Eltern sie mit Krallen und Zähnen dorthin gezerrt haben, nicht mehr anhören. Man hört geradezu die falschen Töne, weil sich da jemand beim Klavierkonzert auf den empathischen Genen vergriffen hat. Das macht alles weder frisch noch jugendlich.

Ziemlich verklimpert klingt es auch, wenn man Gleichaltrige fragt, ob sie spontan mit zum Heurigen kommen. Etwas, das man früher oft gemacht hat, von jetzt auf gleich. Ich merke immer, dass etwas nicht stimmt, wenn die Ausreden im Fernsehprogramm stehen. »Nein, du, danke, heute nicht, ich schau grad die Millionenshow.« Sehr beliebt unter Akademikern.

Bei Anfragen zu Reisen orte ich zunehmend so etwas wie Selbstbestrafungstendenzen. Mit dem Alter wird man ja nicht nur sturer, sondern auch neurotischer. »Marokko, eine Einladung, wie schade, ich kann unmöglich mitkommen.« Das Haus, die Renovierung, der Vortrag – alles ist recht, um sich selbst eins auszuwischen. Das Alter macht einen gemein zu sich selbst. »Tja«, hat meine Mutter gesagt, »im Alter wachsen nur noch der Geiz und die Nägel.«

Die guten alten Spiegelneuronen

Die einzigen neuen Menschen, die man auf dem Weg des Älterwerdens mit ungetrübter Freude kennenlernen will, sind die eigenen Enkel. Ich sehe das so oft in meiner Ordination. Das Aufblühen meiner Patientinnen, ihren Energieschub. Enkel sind vom ersten Schrei an pures Anti-Aging. An dieser Stelle einen ganz innigen

Dank an die Spiegelneuronen, die besonders bei Säuglingen so verlässlich funktionieren wie nichts sonst.

Und bitte keine falschen Schlüsse. Das Klischee, dass junge Menschen uns jung halten und alte Menschen uns alt aussehen lassen, bediene ich hier ganz und gar nicht. Jeder von uns kennt Junge, die über hundert sind, und Alte, die noch kaum die Pubertät hinter sich haben. An der Uni in Zürich hat man ein ähnliches Klischee unter die Lupe genommen: Ist jemand, der aus Altersgründen weniger Energie hat, tatsächlich schneller erschöpft und braucht danach auch länger, um sich zu erholen?

In zwei Studien, veröffentlicht in der Zeitschrift *Psychology and Aging*, befragte man Testpersonen zwischen zwanzig und 92 Jahren, wie viel Energie sie für körperliche, geistige, soziale und emotionale Anstrengungen zur Verfügung haben. Wie zu erwarten war, berichteten die Älteren von mehr Anstrengung. Aber bei geistigen, sozialen und emotionalen Aktivitäten waren es die Jüngeren, die weniger Energie dafür aufbringen konnten. In der zweiten Studie ging es um die Erholungszeit. Auch dabei lagen die Älteren vorne. Fazit:

Die ältere Generation wird in ihrer Leistungsfähigkeit unterschätzt und vermutlich unterschätzt sie sich auch selbst.

Übungen, die zu Menschen führen, die uns jung halten

Übung Nummer eins: Der Kommunikationswissen-schaftler Paul Watzlawick hat es einmal so formuliert: »Wer zu sich selbst finden will, darf andere nicht nach dem Weg fragen.« Um selbst die richtigen Abzweigungen zu nehmen, gibt es drei wichtige Fragen: Von wem lasse ich mich beeinflussen? Wessen Einfluss sollte ich mich entziehen? Wessen Einfluss tut mir gut, inspiriert mich vielleicht sogar? Stellen Sie sich alle drei Fragen und schreiben Sie Ihre Antworten auf. Fortsetzung folgt.

Übung Nummer zwei – die Fortsetzung: Schauen Sie sich die Namen auf Ihrer Liste an. Nehmen Sie sich einen nach dem anderen vor. Wie viel Energie haben Sie von dieser Person bekommen? Wie viel Energie haben Sie ihr gegeben?

Übung Nummer drei: Eine leichte Frage: Mit wem haben Sie heute gelacht? Notieren Sie einen Monat lang Ihre Antworten und ziehen Sie Bilanz.

Kapitel zwölf

DER PARASYMPATHIKUS UND DIE KRAFT DER GEDANKEN

Der Sympathikus im Gehirn ernährt sich von Stress. Er sorgt für schnelle Leistung, aber auch für schnelleres Altern. Wenn der Sympathikus glüht, dreht der Mensch durch. Aber es gibt ein paar einfache Tricks, mit denen Sie den Vagusnerv stimulieren und sich beruhigen.

Er nennt sich Vagabund. Der Nervus vagus ist der zehnte unserer zwölf Hirnnerven und auch der längste. Er erstreckt sich vom Hirnstamm durch den Hals, zieht sich horizontal zu den Ohren und verläuft vertikal den Brustraum hinunter. Er unterstützt die Arbeit fast aller Organe – Herz, Lunge, Bauchspeicheldrüse, Leber, Nieren, Milz, Magen und Darm – und meldet, ob irgendwo eine Entzündung vorliegt. Der Vagusnerv vagabundiert sozusagen durch den Körper, sucht nach Problemen und rapportiert direkt ans Gehirn, das Kontrollsystem: »Vagus an Oberstübchen. Da ist was im Busch, erbitte Verstärkung.« Das Hirn, auch nicht fad, schickt einen Neurotransmitter namens Acetylcholin und das Immunsystem wirft den Motor an. Die winzigen Doktoren ziehen die weißen Mäntel über und machen sich an die Arbeit.

Der Vagusnerv ist ein Teil des sogenannten Parasympathikus, einer Art Autobahn guter Gefühle. Er sorgt für Ruhe und Erholung im Körper. Mir kommt er vor wie ein Yogalehrer auf molekularbiologischer Ebene. Er dämpft Körperfunktionen, kompensiert Stress und streichelt das Gemüt. Atmen Sie ein paar Mal tief durch, ein und aus, ein und aus. Auf die Art sagen Sie dem Vagus: »Mein Freund, zieh los und bring mir den Frieden.« Das wirkt beruhigend, regenerierend und fördert die Resilienz.

Ein Nerv wie ein Stahlseil

Der Sympathikus wiederum ist sein Gegenspieler, der Aktivator, der Bulldozer. Zehnmal so dick und stark wie ein Stahlseil. Er dient dazu, im Fall einer Gefahr alle Systeme quasi auf Knopfdruck hochzufahren, um reagieren zu können. Früher war das ganz praktisch, wenn ein Säbelzahntiger um die Ecke bog, ein Bär hinter einem her war oder ein Löwe sich vor dem Lunch die Lippen leckte. Heute aktivieren andere Stressoren den Sympathikus. Die Angst scheint allgegenwärtig zu sein, von überallher drohen Gefahren – manche real, manche vage angedeutet.

Der Sympathikus liebt den Stress. Er ernährt sich von der Erregung. Er verkörpert das Virile, das Männliche, während der Parasympathikus die weibliche Ausgeglichenheit sucht, die Besonnenheit. Das alte Mars-und-Venus-Spiel.

Im Idealfall stehen Sympathikus und Parasympathikus in einem gewissen Gleichgewicht. Zum Beispiel regt der Sympathikus die Darmtätigkeit dergestalt an, dass es zu Kontraktionen kommt, und wenn das alles erledigt ist, tritt der Parasympathikus auf die Bühne, stellt das ruhig und regeneriert den Darm für die nächste Nahrungsaufnahme. So ist das immer ein Wechselspiel zwischen aktivem Tun und passivem Erholen. Genau das sollte in Balance sein, wie Yin und Yang in China, immer ausgeglichen mit der Lebenskraft, dem Chi. Wird der Sympathikus einmal mehr gebraucht, mehr aktiviert, dann sollte der Parasympathikus auch die Kraft haben, die Hektik wieder abzufedern.

Dieses Pingpong zwischen Power und Relax funktioniert in den ersten Jahren des Lebens wunderbar. Kinder bekommen das von der Evolution in die Wiege gelegt. Wenn aber nicht zuletzt unsere Gesellschaft, in Wahrheit die gesamte Zivilisation, derart viel Stress und Angst verursacht, dass der Parasympathikus gar nicht mehr fähig ist, den Organismus ausreichend zu reparieren und wieder in Erholung zu bringen, wird es problematisch. Bei einem Burn-out zum Beispiel wird im Übermaß nur noch der Sympathikus gereizt und das äußert sich in einem Zusammenbruch des vegetativen Nervensystems mit den bekannten Symptomen: Schlafstörungen, Blutdruckschwankungen, Verdauungsprobleme.

Das Agni sorgt für schnelleres Altern

Das heißt, der Parasympathikus ist das Wasser, das das Feuer des Sympathikus löscht. Nur, mit einem einzigen Kübel lässt sich kein Hausbrand eindämmen. Genau da sind wir wieder bei den Entzündungen. Bei dem, was die Inder im Sanskrit Agni nennen: Feuer. Alles Übel schwelt in diesem Agni, die Krankheiten und das schnellere Altern.

Die Pharmakologie hat sich diesem Thema schon geschäftstüchtig genähert. Untersuchungen legen nahe, dass Betablocker den Sympathikus ruhiger stimmen.

Er ist ja wirklich ein Häferl. Ihm liegt wenig am nerventechnischen Austarieren. Der Sympathikus will in den Krieg ziehen, wenn möglich jede Sekunde aufs Neue kämpfen.

Ich sage jetzt einmal ganz brutal, dass auch in der Geschichte der Zivilisationen, der Kulturen immer versucht wurde, dieses Ringen anzuzetteln und später das Gleichgewicht irgendwie wiederherzustellen. Das ist gewagt, ich weiß. Nehmen wir zum Beispiel das Römische Reich. Damals gab es eine eklatante Diskrepanz zwischen Arm und Reich. Goldene Badewannen hier, Lehmhütten dort. Der Sympathikus der gesamten Bevölkerung war bis zum Äußersten gereizt, wenn man so will. Jede Schlacht und jeder Krieg ist das große Ebenbild des Sympathikus, sein gelebter Ausdruck.

Besondere Menschen als Heilsbringer

Bevor es in jeder Sozialrevolution zum Clash kommt, weil die Armen immer ärmer und die Reichen immer reicher werden, erscheint meist in diesen Zeiten ein besonderer Mensch, der versucht, das Gleichgewicht zwischen Sympathikus und Parasympathikus wiederherzustellen.

Es war die Achsenzeit um das Jahr 300 vor Christus, da tauchten solche Heilsbringer auf. Buddha, die Propheten Israels, in China Konfuzius und Laotse, in Persien Zarathustra, später dann Christus. Er sagte: »Liebe deinen Nächsten.« Revolutionär natürlich, in Rom war das

völlig unbekannt. Oder: »Eher geht ein Kamel durch ein
Nadelöhr als ein Reicher in den Himmel.«

*Zarathustra meinte sinngemäß: Denke gut, sprich gut
und handle gut. Es ist doch so, als hätte er schon vor
2.500 Jahren gewusst, wie lebenswichtig die positive
Beeinflussung der empathischen Gene für den Menschen
wie auch die gesamte Gesellschaft ist.*

»Der Untergang jeder Hochkultur beginnt mit dem Nieder-
gang der Sprache«, meinte der Schriftsteller Ezra Pound.
Wenn man sich das Gezanke um unsere Sprache anschaut,
wundert mich das nicht. Hochkulturen vermitteln am Höhepunkt ihrer Existenz auch eine gewisse Arroganz. Ihre
Erhabenheit drückt sich in Willkür und Macht, in Geld und
Habgier aus. Irgendwann ist der Bogen überspannt und es
formiert sich etwas Neues.

Kulturen haben Auf- und Abstiegszyklen. Jede Gesellschaft und jede Zivilisation ist wie ein Mensch zu sehen,
wie ein Menschenleben. Sie wird geboren und entwickelt
sich, macht alle Stadien durch und stirbt ab dem Zeitpunkt, wenn alles aus den Fugen gerät. Sind Systeme einmal außer Kontrolle, kollabieren sie leicht.

*Die Grundsatzfrage lautet: Wie können wir in unserer
Gesellschaft den Parasympathikus wieder stärken? Es
braucht eine Revolution im kollektiven Mindset. Den
Glauben an das Gute. Dann stellt sich das Anti-Aging
ganz von allein ein, als erwünschte Nebenwirkung.*

Ohrstimulation als Anti-Aging-Trick

Es geht aber auch einfacher. Mit dem Tickling-Trick. Hinter dem komplizierten Ausdruck »transkutane elektrische Nervenstimulation« versteckt sich eine Technik der Ohrstimulation, die eine straffe und faltenfreie Haut fördern kann. Ein kleines elektrisches Gerät wird ans Ohr angeschlossen, das in rhythmischen Abständen Signale an das Nervensystem im Allgemeinen und den Vagusnerv im Besonderen abgibt. Es kitzelt den Vagabunden.

Forscher der Universität Leeds in der nordenglischen Grafschaft Yorkshire fanden heraus, dass ein leichtes elektrisches Kitzeln des Ohrs bei Menschen im Alter über 55 Jahre das autonome Nervensystem anregt und sich dadurch ein positiver Effekt auf das Altern einstellt. Es wird verlangsamt. Schon eine kurze Stimulation von 15 Minuten pro Tag über einen Zeitraum von zwei Wochen zeigte bei den 29 Probanden erstaunliche Wirkung. Die Teilnehmenden sprachen über eine Verbesserung ihres Schlafs, ihrer Stimmung und ihrer Lebensqualität. Das zeigte sich rein optisch in ihrem Gesicht. Wer gut schläft und ein Glücksgefühl in sich trägt, schaut einfach besser aus.

Ear Tickling, sprich Ohrstimulation, wird immer öfter mit Anti-Aging und dem Parasympathikus in Verbindung gebracht.

Kurze Zwischenübung: Für eine Selbstakupressur drücken Sie dreißig Sekunden lang auf den Punkt in der Ohrmuschel, der mit dem Vagusnerv verbunden ist, und lassen wieder los. Das können Sie ein paar Mal wiederholen. Der magische Punkt befindet sich oberhalb des Ohrläppchens am untersten Teil der Ohrmuschel.

Beatrice Bretherton von der *School of Biomedical Sciences* an der *University of Leeds* fand dazu aufmunternde Worte:

> *Das Ohr ist wie ein Tor, durch das wir den Stoffwechsel des Körpers verändern können, ohne Medikamente oder invasive Eingriffe zu benötigen.*

Das Ohr als Tor zum Parasympathikus also. Versuchen Sie doch bitte, die obige Übung zur Routine zu machen.

Die Natur als Tor zum Vagusnerv

Ein anderes Tor ist die Natur. Sie begrünt die Seele. Naturvölker haben ein anderes Bewusstsein, sie leben im Einklang mit ihrer Umgebung, den Bäumen, den Pflanzen, den Tieren. Sie fügen sich in das Szenario Erde homogen ein.

Das Christentum hat dann leider gesagt: »Mach dir die Erde untertan.« Die Aufklärung hat das mit Dank übernommen und die Verbindung gekappt. Ich lese dazu gerade ein interessantes Buch von Philipp Blom: *Die Unterwerfung*

– Anfang und Ende der menschlichen Herrschaft über die Natur. Ihre Religion besagt: Die Natur ist nur da, um den Menschen zu erhalten. Fast schon ein höheres Wesen, eben von Gott erschaffen, und das gibt ihnen das Recht zur Ausbeutung. Auf so einen Gedanken würden die Naturvölker nie kommen. Sie wissen genau, wenn sie da in den Wald falsch hineinrufen, kommt es auch falsch wieder zurück. »Mir doch wurscht«, könnte ein Egoist sagen, »mich betrifft das nicht.« Die Medizin sieht das anders. Der Sympathikus zieht nämlich im Körper die Blutgefäße zusammen und lässt den Blutdruck steigen. Ein nicht richtig eingestellter Blutdruck ist die größte Gefahr für Demenz.

Zum Missverhältnis zwischen Sympathikus und Parasympathikus kann ich zwei persönliche Episoden beisteuern. An sich bin ich ein sehr ruhiger Mensch, aber auch mir fetzt es hie und da die Sicherungen raus.

Wie man als Gynäkologe einen Notfall simuliert

Ich weiß noch genau, ich war einmal in meiner Praxis im 1. Wiener Bezirk und plötzlich brach das Chaos aus. Wo normalerweise eine oder höchstens zwei Patientinnen sitzen, drängten sich im Wartezimmer gut zwanzig Frauen und wollten ihren Termin zur gynäkologischen Untersuchung wahrnehmen. Ein Tumult. Es sah aus wie in der Notaufnahme eines Spitals. Das Problem: Meine Sprechstundenhilfe war krank.

Meine damalige Schwägerin war eingesprungen und hatte die Leute irgendwie eingeteilt. Sie freute sich derart, dass so viele Patientinnen kommen wollten, hatte ihnen aber allen für denselben Zeitpunkt zugesagt. Ich dachte, ich kriege einen Herzinfarkt, wie ich das hörte, und dann blieb mir nichts anderes übrig als die Flucht. Raus. Ich musste weg. Einen Notfall simulieren. Ich riss die Tür zum Wartezimmer auf und schrie: »Geburt, Geburt!«

Ja, und ich rannte los wie bei der Leichtathletik-WM, hetzte die Treppe hinunter. Auf der Stiege kamen mir weitere Frauen entgegen, die nächsten Patientinnen, und ich wieder: »Geburt, Geburt!«

Raus auf die Straße, kurz durchatmen, die Hände auf die Oberschenkel gestützt. Puh. Frische Luft. Gemütlich spazierte ich dann in ein Lokal namens Bierklinik und bestellte gleich einmal zwei Krügerln. An sich trinke ich sehr selten, aber in dem Augenblick war es eine Erlösung. Das mit dem Bier war die goldene Lösung. Hopfen stärkt den Parasympathikus, der Mensch kommt runter. Ein Prost auf den Vagusnerv.

Die andere Anekdote darf man eigentlich gar nicht erzählen, weil sie so peinlich ist, aber bitte, weil Sie es sind.

Meine kleine Schlägerei im OP

Ich arbeitete als junger Arzt schon ein paar Jahre im AKH und mit mir ein Kollege, der zwei Wochen vor mir in der Klinik begonnen hatte. Diesen zeitlichen Vorsprung sah er als Recht an, mir vorzuschreiben, was ich zu tun hätte. Er nannte das Anciennität, die temporäre Rangordnung. Der Kollege, nennen wir ihn in alter Kafka-Manier Doktor K., pochte auf sein nicht existierendes Chefdasein und stand auch sonst im Ruf, nicht unbedingt der netteste Mensch im Haus zu sein. Doktor K. ließ seine Großartigkeit alle spüren, von oben herab, obwohl er bis heute nur von mäßigem Körperwuchs ist. Aber doch fühlte er sich zu Höherem berufen und gab mir Anweisungen – mit ausgestrecktem Zeigefinger, tu dies, mach das. Wenn er lächelte, hatte das etwas Halbgöttliches und Dämonisches gleichzeitig.

Einmal teilte mich K. ein für eine Operation. Einfach so, aus Schikane, als wäre er mein Vorgesetzter. Ich rief ihn an und sagte:»Das kannst du selber machen.« Er wurde ganz fuchtig am Telefon, wiederholte abermals, dass er länger in der Klinik wäre als ich und die Operation sehr wohl anordnen könne. Ich hätte dem Folge zu leisten.»Nein«, sagte ich und legte auf. Im OP war alles vorbereitet. Die Patientin lag auf dem Operationstisch, eine Schwester desinfizierte das Skalpell, der Anästhesist kümmerte sich um das Narkotikum. Ich stand da und schüttelte den Kopf, aus Protest.

Da erschien Doktor K. im OP, kleiner Mann mit großem Ego. Jedenfalls redete er mich weiter arrogant an, kommandierte die anderen und mich herum und während er so sprach und sprach und mein Sympathikus immer mehr anschwoll, holte ich aus und knallte ihm die Faust mitten ins Gesicht. Eine kurze Gerade auf den Mund. Niedergestreckt, mitten im OP. Wamm!

Die Schwestern waren entsetzt, hatten das alles genau beobachtet. Ein paar Patienten am Gang verfolgten die Rauferei, auch wie er zurückschlagen wollte, doch das ging nicht. Mit seinen kurzen Armen drang er nicht zu mir vor. Ich klemmte ihm den Schlagarm unter meiner linken Achsel ein und seine Faust kreiste zuckend ins Leere. Möglicherweise legte ich ihm dann noch eine auf. Langsam ging Doktor K. ein, sackte zu Boden.

Später gab er zu Protokoll, seine Krawattennadel hätte sich angeblich gegen sein Herz gerichtet. Ich hätte ihn also um ein Haar getötet, was freilich übertrieben war. Natürlich ging die Sache hinauf bis zum Dekan. Ich wurde vorgeladen.

Der Dekan schüttelte den Kopf: »Metka, Metka ...«

Zu meiner Verteidigung darf ich sagen: Ich bin ein friedfertiger Mensch. Die Leute kennen mich als ruhig, gelassen und besonnen. In diesem besonderen Fall aber hatte mein Sympathikus die Kontrolle übernommen. Ich sah rot.

Beim Canossagang ins Dekanat des AKH begleitete mich ein Kollege, Doktor A., als Vertreter des Mittelbaus. Er gratulierte mir und meinte, endlich hätte sich jemand getraut, dem K. die Meinung zu sagen. Ha!

Das Büro des Dekans in der Alten Universität war imposant. Der historistische Eichentisch mit grünem Filz überzogen, an der Wand gemalte Porträts der Vorgänger aus 200 Jahren Medizingeschichte, die auf uns herabblickten. Der Dekan selbst sah mich lange an und seufzte verschmitzt. »Metka, Metka, von Ihnen hätte ich mir das nicht erwartet.« Er schmunzelte und wandte sich aber gleich an meinen Begleiter, Dr. A.: »Übrigens, weil Sie gerade da sind, stimmt es, dass Sie gesagt haben sollen, dem Dekan, also mir, muss jemand ins Gehirn geschissen haben?«

Kollege A. lief hochrot an im Gesicht. Er versuchte, sich rauszureden: »Aber, Magnifizenz, wie können Sie so was von mir denken?«

»Gerade von Ihnen«, sagte der Dekan, »kann ich mir das vorstellen.« Ich wusste: Die leidige Angelegenheit war vom Tisch. Es gab keine Konsequenzen, nur eine Entschuldigung meinerseits.

Alles nur wegen meines Sympathikus. Ein Heißsporn, der die Menschen ausrasten lässt. Der Sympathikus glüht durch wie ein Draht aus Nerven und der Mensch knallt durch.

Der Spielsüchtige und sein Tanz mit dem Automaten

Auf die Art entwickeln wir übermenschliche Kräfte. Ein Freund von mir hatte ein Kaffeehaus mit einem Spielautomaten in einer Nische. Ein Stammgast kam jeden Tag, setzte sich auf den Hocker und warf Münzen hinein, schwer spielsüchtig. Dann rotierten die Walzen mit den

Kirschen, den Bananen, den Herzen und der magischen Sieben. Nachdem er alles verloren hatte oder wenn er einmal gewonnen hatte, schnappte er sich das Trumm, hob es hoch und spazierte damit durch den Raum. Unwahrscheinlich. Es hätte drei Männer gebraucht, um den Automaten hochzustemmen, der Spieler aber trug ihn, als wäre er ein leerer Pappkarton.

Der Sympathikus aktiviert kurzfristig Energien, dass wir nur so staunen. Das erklärt auch Medienberichte von Unfällen, wo eine Mutter plötzlich ein Auto aufhebt, um ihr Kind zu retten. Der Sympathikus ist ein Notfallknopf, den uns die Natur zur Verfügung stellt. Die Kraft der Gedanken steuert den Rest. In ihr liegt nicht nur die Power, sondern auch die Ruhe.

Auf einer Reise nach Indien kam ich in ein Dorf und begegnete einem Mönch. Er saß auf einem Sockel und bewegte sich nicht. Ein Einheimischer erzählte mir, dass der Heilige schon seit Monaten so dasaß, völlig regungslos. Ich hielt das für einen Scherz oder zumindest für eine Übertreibung.

Der Guru und das Vogelnest auf seinem Kopf

»Komm her«, sagte der Einheimische und führte mich zu dem Mönch. Er hatte die Augen geschlossen und wirkte wie unter Narkose. Er saß aufrecht, ohne jede Regung, ein menschliches Denkmal. In seinem buschigen Haupthaar hatten sich Vögel eingenistet. Ein Vogel hatte Junge ausgebrütet, während der Mann stoisch auf dem Sockel saß und so tief meditierte, dass sein Geist weit weg war. Ja, diese Gurus gibt es wirklich. Sie sind in der Lage, ihre Körperfunktionen auf ein Minimum zu reduzieren. Sie kontrollieren ihr vegetatives Nervensystem, können aufhören zu verdauen und ihre Atmung stoppen. Sie senken den Herzschlag ab, brauchen nicht mehr zu essen und nicht mehr zu trinken. Sie beherrschen den Sympathikus wie auch den Parasympathikus.

Das Faszinierende ist, dass sich diese Gurus völlig im Griff haben. Sie sind Mind-Lifting-Profis der Extraklasse. Das zeigt auch, wozu wir grundsätzlich in der Lage sind. Welche Macht das Denken auf das gesamte System hat – und die ganze Welt.

In Indien besuchte ich auch die Kumbh Mela. Das größte Pilgerfest der Welt findet alle zwölf Jahre statt. 120 Millionen Hindus und viele Touristen, vor allem aus dem Silicon Valley, kommen und feiern das Badefest vom 15. Jänner bis zum 4. März, 48 Tage lang. Diese spirituell Suchenden zieht es nicht Richtung Vatikan, sondern zu den Weisen aus den Bergen Nordindiens.

Die Kumbh Mela, das Fest des Kruges, ist ein Ereignis. Zum Höhepunkt, dem Neumondtag im Jänner, badeten dreißig Millionen Pilger an dem Ort, wo drei Flüsse zusammenlaufen. Ich sah aber nur zwei. Den Ganges und den Yamuna. »Wo bitte ist denn der dritte Fluss?«, fragte ich. Ein Hindu zeigte mit dem Finger auf den Boden: »Dort unten.« Unter der Erde gibt es den mythologischen Fluss Sarasvati. Er existiert nur für die Gläubigen. Das erklärt ganz Indien.

So entstehen göttliche Stigmata

Heilige gibt es auch im Christentum. Franz von Assisi zum Beispiel. Am 14. September 1224 soll etwas Göttliches passiert sein. An seinen Händen bildeten sich Wunden als Zeichen der Kreuzigung. Stigmata. Die römisch-katholische Kirche erkannte das Phänomen als erste Stigmatisation in der Geschichte an und sprach Franz von Assisi heilig.

Im Rahmen einer Studie im Jahr 1948 wies der Arzt Franz Lothar Schleyer rund siebzig gesicherte Fälle von Stigmatisationen nach. Meist waren sehr junge Frauen betroffen.

Wie können solche wundersamen Wundmale entstehen? Durch Gedankenkraft, meine ich. Nach dem Tod meines Vaters hatte ich auch so etwas wie ein Zeichen, einen Pigmentfleck. Lange ging er nicht weg ... und irgendwann war er verschwunden.

Wenn ein Guru in der Lage ist, einen Hautausschlag irgendwo auf dem Körper hervorzurufen oder die Entzündung zu beseitigen, ist es denkbar, dass tiefer Glaube, in diesem Fall religiöser Glaube, eine körperliche Reaktion erwirken kann. Das ist nichts anderes als eine Manifestation gebündelter Gedanken.

Das Herz redet mit beim Anti-Aging

Im Umkehrschluss bedeutet das: Ist der Mensch in der Lage, durch bloßes Denken eine blutende Wunde hervorzurufen, ist es ihm auch möglich, den Alterungsprozess zu verlangsamen. Genau unser Thema: Anti-Aging durch die Kraft des Glaubens.

Die Haut, sagt man, ist der Spiegel der Seele. Dante ging noch einen Schritt weiter und sagte:»Die Augen sind der Spiegel der Seele.« Anti-Aging ist nicht nur reine Kopfsache. Das Herz redet auch noch mit, wenn die Augen Schönes erblicken. Freude verjüngt das Aussehen von innen.

Einmal besuchte mich eine Patientin, die ich schon lange kenne, in der Ordination. Sie kam bei der Tür rein und meine Assistentin und ich dachten, was ist denn mit ihr passiert? Die Frau sah um Jahre jünger aus. Sie strahlte, ihre Augen leuchteten richtig. Wir plauderten ein bisschen, was sich so in letzter Zeit zugetragen hätte. Die Patientin sagte:»Herr Professor, ich hätte es nicht geglaubt, aber ich habe meine große Liebe gefunden.«

Übungen, mit denen Sie Ihren Vagusnerv aktivieren

Übung Nummer eins: Legen Sie beide Hände an den Hals und massieren Sie die Haut zwischen Schulterübergang und Ohr. Der Vagusnerv verläuft genau dort. Sie können ihn anregen, indem Sie an diesen Stellen leichten Druck ausüben. Das entspannt und wirkt beruhigend.

Übung Nummer zwei: Drehen Sie den Kopf einmal nach links und fixieren Sie mit den Augen einen Punkt in der Nähe. Dann drehen Sie den Kopf langsam nach rechts und richten den Blick wieder auf einen Punkt oder Gegenstand. Das Scharfstellen verbindet die Ziliarmuskulatur der Augen, die ebenfalls mit dem Vagusnerv im Bunde ist.

Übung Nummer drei: Heben Sie die Augenbrauen und versuchen Sie, die Ohren zu bewegen. Wer's kann, darf auch gerne mit ihnen wackeln. Der Schläfenmuskel aktiviert jenen Hirnnerv, der auf den Vagabunden wirkt.

Übung Nummer vier: Vier Sekunden einatmen, vier Sekunden die Luft anhalten, vier Sekunden ausatmen, vier Sekunden die Luft anhalten. Diese Viererübung erfand der Amerikaner Mark Divine während seiner Kampfausbildung bei der Eliteeinheit Navy Seals. Seitdem gehört dieses sogenannte *Box Breathing* zum Standard der US-Soldaten, um Stresssituationen im Frontkampf zu meistern.

Übung Nummer fünf: Singen Sie unter der Dusche. Ideal sind Lieder, die Vokale wie A, O und U enthalten. *All you need is love* von den Beatles zum Beispiel. Oder *The winner takes it all* von ABBA. Und für die ganz Mutigen: *Sign of the times* von Harry Styles. Bitte nichts von Lady Gaga, zu kompliziert. Der Vagusnerv verästelt sich im Hals entlang des Kehlkopfs und der Luftröhre. Durch die Vibration der Stimme wird er aktiviert. Sprechen Sie das vielleicht mit Ihrem Partner und den Nachbarn ab.

Übung Nummer sechs: Nehmen Sie morgens eine kurze kalte Dusche. Lassen Sie das Wasser erst über die Arme und Beine laufen und dann den Hals entlang über den Rest des Körpers. Kälte dämpft die Hitze des Sympathikus und macht uns im Nu munter. Nicht jedermanns Sache.

Übung Nummer sieben: Nehmen Sie ein Glas Wasser und gurgeln Sie damit. Das lässt sich in der Früh gut bewerkstelligen. Der Vagusnerv ist auch für den Geschmack verantwortlich. Wenn Sie die Rachenmuskulatur in Gang bringen, weiß der Vagus: Ich werde gebraucht. Am Abend können Sie die Übung mit einem Schluck Rotwein angehen und der Vagus wird wissen: gut so.

Kapitel dreizehn

DIE BEDEUTUNG DES SCHLAFS BEIM ANTI-AGING

Wenn Sie zu wenig schlafen, steigt Ihr Risiko für Diabetes und Übergewicht. Es gibt gute Einschlafhilfen und sechs Übungen, wie Sie sich besser auf die Nachtruhe vorbereiten.

Wir gähnen. Endlich. Müde und schläfrig. Ich hoffe, das Buch ist nicht zu langweilig. Sie können es auch weglegen, wenn es zu stressig wird. Trotzdem suchen wir die Ruhe, das müssen wir schon. Ausruhen. Die Augen schließen. Alles leise. Still.

Das unbekannte Land lädt ein zum Besuch. Film ab. Jeder Traum ist ein Geschenk des Gehirns. Ein Flimmern und Abbild des Erlebten. Manche sehen Deutungen darin, Botschaften und Prophezeiungen. Das Internet ist voll davon. Alle sollen selbst bestimmen, wie sie damit umgehen. Ich bin Arzt, kein Prophet. Gynäkologen sind keine guten Traumdeuter. Ich wünsche Ihnen jeden Tag eine gute Nacht.

Das Wort »Schlaf« kommt aus dem Altgermanischen, abgeleitet von »schlafen«, was ursprünglich schlapp werden bedeutete. Für einen regelmäßigen Wach-Schlaf-Rhythmus ist die innere Uhr zuständig, die Chronobiologie. Funktioniert sie, regelt sie den Hormonhaushalt.

Der zweite Faktor, der bestimmt, wann man müde wird, ist die Zeit, die seit dem Aufwachen vergangen ist. Vielleicht funktioniert irgendetwas im Gehirn nicht richtig. Das Agni feuert, wir kennen das. Und irgendwann geht die gute Geschichte los.

Der Spiegel des Stresshormons Cortisol sinkt ab und erhöht sich erst frühmorgens wieder. In den ersten Schlafstunden ist die Konzentration von Wachstumshormonen am höchsten und auch Renin, das für die Nierenfunktion entscheidend ist, wird vermehrt ausgeschüttet. Doch bevor es so weit ist, muss sich im Körper noch einiges tun.

Auge an Hirn: Ich bin dann mal weg

Zuerst muss einmal der Hypothalamus, der mit dem Auge verbunden ist, weniger Histamin und Orexin produzieren, was er bei Dunkelheit normalerweise auch macht. Dadurch lässt die Aufmerksamkeit nach. Und dann sollte das Gehirn mehr Melatonin ausschütten. Das Schlafhormon wird in der Zirbeldrüse gebildet, sobald es finster ist. Oder bei Lichtmangel, was die Tagesmüdigkeit im Herbst und Winter erklärt. Das Adenosin sorgt dafür, dass man bei großen Stoffwechselleistungen, also bei körperlichen Anstrengungen, müde wird. Koffein verhindert diese Wirkung, klar.

Wer ein Red Bull trinkt oder drei, wird keine Ruhe finden. Absichtlich okay, als Muntermacher für die Jugend, aber auf die Dauer ungesünder als jeder Wein. »Liquid Cocain« hat man diese Brause genannt. Flüssiges Kokain, fesch mit Wodka gemischt. Wer's braucht, von mir aus. Der Sympathikus wird sich freuen. Partys mag der Mensch. Aber auch Abstand davon. Eindösen. Erholen. Parasympathisch entspannen.

Der gesamte Schlaf wird neurophysiologisch gesteuert, das Gehirn arbeitet mit unterschiedlichen Wellen. Das klärt für den Menschen, in welchem Schlafstadium er sich befindet. Tiefschlafphasen, in denen wir nicht einmal aufwachen würden, wenn ein Lastwagen durchs Schlafzimmer fährt, und Phasen, in denen schon eine summende Fliege genügt, wechseln sich ständig ab und werden immer kürzer, bis man morgens die Augen öffnet.

Apropos Augen: In der REM-Phase bewegen die sich so schnell, als würde man einen Tischtennisball beobachten, der von zwei gedopten Spielern hin und her geschossen wird. Der Blutdruck erhöht sich, Atmung und Puls werden schneller und es kann auch zu Erektionen kommen – jawohl, Gruß an die Herren. Dass man nur in dieser Phase träumt, stimmt nicht. Schlafforscher nehmen allerdings an, dass die Träume im REM-Schlaf besonders lebhaft sind. Nachts erholen sich Körper und Geist von den Mühen des Tages. Die Muskeln, das Immun- und das Nervensystem regenerieren sich, Erlebnisse werden verarbeitet. Dabei löscht das Gehirn überflüssige Informationen. Neue werden in der REM-Phase – das vermuten die Wissenschaftler – vom Gehirn mit bekannten Gedächtnisinhalten verknüpft. Mithilfe von Nervenbotenstoffen werden gedankliche Netze gesponnen, was wiederum die Kreativität fördert.

Wie viel man schlafen sollte, ist von Mensch zu Mensch verschieden, sollte man meinen. Immerhin kommen manche nach zehn Stunden nicht aus den Federn, andere sind nach fünf putzmunter. Doch dann fiel Fachleuten eine beunruhigende Studie amerikanischer Kollegen auf.

Neun Stunden Schlaf verursachen Herz-Kreislauf-Erkrankungen

An der Universität von West Virginia befragten Wissenschaftler 30.000 Personen zu ihren Schlafgewohnheiten und verglichen die Angaben mit deren Beschwerden. Daraus ergab sich eine optimale Schlafdauer von sieben Stunden. Weitere Studien bestätigen dieses Ergebnis heute.

Bei Langschläfern, die jede Nacht mindestens neun Stunden schlafen, erhöht sich das Risiko für Herz-Kreislauf-Erkrankungen um das Eineinhalbfache. Um das Doppelte steigert man es, wenn man über einen längeren Zeitraum mindestens zwei Stunden weniger schläft. Die Folgen von Schlafmangel spüren wir schon nach einer Nacht. Die Konzentration lässt nach, ebenso wie das Gedächtnis. Und die Schönheit leidet. Die Haut wird blass und trocken, die Ringe unter den Augen werden dunkler und die Falten mit der Zeit tiefer. Damit sich die Haut im Schlaf regenerieren kann, sollte man sich vorher gründlich abschminken, damit die Poren nicht verstopft sind.

An der Universität von Kalifornien fanden Forscher heraus, dass chronische Schlaflosigkeit eine Ursache für Übergewicht ist. Die beiden Hormone Ghrelin, das den Appetit steuert, und Leptin, das dem Körper sagt, wie viele Fettreserven er einlagern soll, kommen durch zu wenig Schlaf in ein Ungleichgewicht, das tagsüber zu Heißhungerattacken und damit zu unnötigem Speck führt.

Die Schlafforschung ist eine relativ junge Disziplin, auch wenn man sich im antiken Griechenland schon damit beschäftigt hat. Philosophen wie Platon, Hippokrates und Aristoteles dachten allerdings noch, dass giftige Dämpfe, die man mit der Nahrung aufnimmt, aus dem Magen aufsteigen und im Schlaf abgebaut werden.

Außerdem könne überhitztes oder aufgestautes Blut nur nachts abgekühlt werden. Die Silent Inflammation kannte man damals noch nicht. Alexander von Humboldt hatte sich im 19. Jahrhundert zurechtgelegt, dass im Schlaf ein Sauerstoffmangel im Gehirn ausgeglichen wird. 1953 entdeckten die Forscher Eugene Aserinsky und Nathaniel Kleitman dann den REM-Schlaf. Heute befassen sich Wissenschaftler mit der Schlafkultur.

Kulturwandel und künstliches Licht

»Wie man sich bettet, so liegt man« – freilich. Doch das ist je nach Kulturkreis unterschiedlich. In Europa schläft man in Betten, andere dämmern auf dem Fußboden, auf Matratzen oder Tüchern. Auch die Schlafzeiten sind von Kultur zu Kultur verschieden. Dort, wo kein künstliches Licht vorhanden ist, legt sich der Mensch nach Sonnenuntergang nieder und wacht dafür nachts mehrmals auf. In südlichen Ländern ist es indes ganz normal, tagsüber zu schlafen. Bei Völkern, die Ackerbau betreiben, ist die Schlaf- von der Jahres- und von der Erntezeit abhängig. Unterschiede gibt es innerhalb einer Kultur zwischen den Geschlechtern. Eine Umfrage in den USA ergab, dass 13 Prozent der Männer und 55 Prozent der Frauen nachts einen Pyjama tragen. 31 Prozent der Männer und 14 Prozent der Frauen schlafen nackt, die anderen tragen Unterwäsche.

Das künstliche Licht hat jedenfalls die Schlafgewohnheiten entscheidend verändert. Seit Mitte des 19. Jahrhunderts muss man in westlichen Ländern nur einen Schalter umlegen und schon ist es hell. Davor ging man früh ins Bett. Seither haben wir die gesellschaftlichen Aktivitäten in die Abendstunden verschoben. Hätte der Mensch keinen Strom oder zumindest keine Lampen, würde er früher schlafen gehen – ohne Netflix und ohne Armin Wolf.

Ich darf sagen: Regelmäßiger Schlaf ist wichtig für den allgemeinen Gesundheitszustand des Organismus. Aus einer Metaanalyse von sechzehn Studien geht hervor, dass das Risiko für einen frühen Tod um zwölf Prozent ansteigt, wenn der Mensch weniger als fünf bis sieben Stunden pro Nacht schläft.

Wenig Schlaf erhöht das Risiko für Diabetes und Übergewicht

Schlafmangel kann Entzündungen fördern, dazu das Risiko von Diabetes, Herzerkrankungen und wie gesagt Übergewicht erhöhen. Gleichzeitig kann zu viel Schlaf – mehr als acht bis neun Stunden pro Nacht – die Lebensdauer um bis zu 38 Prozent verkürzen. Mehrere Studien zeigen einen Zusammenhang zwischen schlechtem oder zu wenig Schlaf und vorzeitiger Hautalterung.

Anti-Aging passiert nicht nur tagsüber. Einer Studie zufolge könnte sich sogar die Schlafposition auf die Entstehung von Falten auswirken. Insbesondere Seiten- oder Bauchschläfer sind mechanischen Druckkräften ausgesetzt, die die Entstehung von Falten beschleunigen. Ich weiß, man kann das nicht immer steuern, wo und wie man liegt.

Anti-Aging ist keine Frage der Möglichkeit. Es ist eine Entscheidung.

Autophagie als Anti-Aging-Putztrupp

Der gesunde, richtige Schlaf ist vor allem wichtig, damit sich der Parasympathikus wieder erholen kann. Diese Regenerationsprozesse, die im Schlaf stattfinden – die Autophagie, das Ausputzen der Zellen –, sind nicht nur für den Parasympathikus entscheidend, sondern für alle Funktionen des Körpers. Für das Anti-Aging sind sie sehr wichtig.

Ja, wenn bei *Macbeth* ein Königsmord begangen wird, schläft der Mensch nachher vielleicht nicht ganz so gut. Das Shakespeare-Zitat dazu prägt sich ein: »Mein Kissen besteht nur mehr aus Dornen.« Oder wenn der junge Mensch vor dem Einschlafen einen Ego-Shooter spielt. Das bettet ihn, sagen wir mal, eher suboptimal zur Ruhe.

Haben Patienten einen maroden Parasympathikus, fängt das gesamte vegetative Nervensystem an zu spinnen. Der Sympathikus hämmert nur noch zelluläre Pressluft, er wird in der Nacht nicht abgestellt. Dann staunen die Leute, weil sie das nie und nimmer merken. Bekommen sie vom Kardiologen ein 24-Stunden-EKG, das Alarm anzeigt, kennt sich jeder aus. Oder bei einer

Blutdruckmessung, da weiß man sofort Bescheid. Im Schlaf allerdings kriegen wir erhöhte Blutdruckwerte und spontane Blutdruckspitzen gar nicht mit. Die Verdauung fängt an verrücktzuspielen, manche müssen alle zwei Stunden aufs WC gehen und ein Teufelskreis beginnt, dem zu entrinnen, wirklich nicht leicht ist. Als Folge davon gibt's eigene Burn-out-Kliniken.

Covid hat wie ein Brandbeschleuniger aufs Gemüt gewirkt. Viele Menschen merkten, dass sie zu viel gemacht hatten, und wurden ruhiger. Für andere wirkten sich die Phasen der Lockdowns in die andere Richtung aus. Sie verhielten sich hektischer und konnten den inneren Wirbelwind überhaupt nicht mehr unter Kontrolle bekommen. Sie kamen sich vor wie im Auge eines Tornados, wo es zwar ruhig ist, aber die Stürme drehen sich rund um einen herum in tosendem Lärm.

Freilich ist es nicht möglich, immer gut und tief zu schlafen. Jeder Mensch hat irgendwann Sorgen oder durchlebt einen schlechten Tag noch einmal, wenn er die Augen schließt. Das ist normal. Es sollte nur nicht anhaltend so sein.

Die Passionsblume als Einschlafhilfe

Kann ich nicht schlafen, nehme ich selbst pflanzliche Mittel. Die Natur als Apotheke hält hier ausgezeichnete Kräuter parat: Baldrian, Melisse und Passionsblume. Außerdem bin ich ein großer Freund von Melatonin.

Etliche Studien haben gezeigt, dass Melatonin ein guter Radikalfänger ist und entzündungshemmend wirkt. Es hat zahlreiche positive Effekte. Wir wissen, dass der Mensch mit fünfzig nur mehr höchstens ein Drittel der früheren Melatoninproduktion aufweist, die er beispielsweise mit zwanzig hatte. Der Level fällt stetig ab. In den USA neigen die Menschen beim Melatonin zu Übertreibungen. Wenn sie ins höhere Alter kommen, greifen sie zu Dosierungen, wo wir längst vorsichtig sind.

Ein Übermaß an Melatonin würde ich nicht empfehlen. Fünf oder maximal zehn Milligramm täglich, das ist okay. Einzunehmen ungefähr eine Stunde bevor wir schlafen gehen.

Mir genügt das. Leider gibt es Menschen, bei denen das nicht wirkt, sie spüren rein gar nichts. Bei all diesen pflanzlichen Mitteln ist es wichtig, sie einfach auszuprobieren.

Melatonin und Cannabis im Körper

Prophylaktisch auf Schlafmittel zurückzugreifen, davon möchte ich wirklich abraten. Es ist immer besser, zuerst mit pflanzlichen Präparaten zu beginnen und auszuloten, was sie einem bringen.

Melatonin gilt als bioidentes Hormon. Das heißt, es entspricht dem, was die Pineal- oder Zirbeldrüse erzeugt.

Es ist etwas Physiologisches. Schlafmittel dagegen sind etwas Pharmakologisches, also chemischer Natur. Im Alter wird der Schlaf bei vielen Menschen weniger. Die Natur hat nicht allen die gleichen Einstellungen mitgegeben, aber sehr wohl Helferleins auf mikrozellulärer Ebene. Unser Körper produziert sogenannte Endo-Cannabinoide, das sind cannabisähnliche Moleküle. Sozusagen Haschisch im eigenen Körper. Diese Endo-Cannabinoide federn Stress ab, dämpfen Schmerzen und nehmen die Angst. Entzündungen lindern sie obendrein. Wir haben Millionen von Rezeptoren dafür, was wirklich unglaublich erscheint. Die Forschung hat hier schon probate Mittel als Medikamente lanciert. Cannabis wird in Altersheimen gerne verteilt. Nicht als Joint natürlich, sondern in Form von Kapseln. Israel ist hier besonders fortschrittlich und in der Endo-Cannabinoid-Forschung führend.

Wenn Siebzigjährige zum Einschlafen Cannabis nehmen, wohldosiert und vom Arzt verschrieben, ist das eine bioidente Therapiemöglichkeit, fernab jeder Dämonisierung der Droge.

Hanfbier und japanische Nachtkuhmilch

Manche stellen ja fest, wenn sie am Abend ein Bier trinken, schlafen sie einfach besser. Klar, weil die Substanzen, die im Hopfen enthalten sind, eine beruhigende Wirkung haben und chemisch fast ident mit dem sind, was in Cannabis drinnen ist. Kombinieren lässt sich das im Hanfbier. Ich habe das einmal probiert und muss sagen, ich war total relaxt. Aus ärztlicher Sicht kann ich das bedenkenlos empfehlen.

In der Natur findet sich alles, was der Mensch braucht. Die Japaner entdeckten das, wie schon eingangs erwähnt, viel früher als wir. Sie sind gefinkelte, schlaue Typen und Anti-Aging-Experten aus Erfahrung. Sie wussten, dass Melatonin in der Dunkelheit, sprich nachts, produziert wird, oben in der Pinealdrüse. Und nicht nur beim Menschen, sondern auch zum Beispiel bei Kühen. Sie merkten: Molken die Bauern ihre Kühe in der Nacht, bei Dunkelheit, war die Milch reich an Melatonin. Das ließ sich im Labor schnell nachweisen und im Nu kommerzialisieren.

Heute können Sie in Japan nachts gemolkene
Kuhmilch als natürliches Schlafmittel kaufen.
Vermutlich wirkt ihr erhöhter Melatoningehalt besser
als Schäfchenzählen. Muh.

In unseren Breiten lässt sich bei Handys der Nachtmodus aktivieren. Apps belauschen einen und sagen in der Früh, wie gut die Schlafqualität in Prozent war. Andere Apps bringen dem Menschen die Meditation näher und erklären die Gemütlichkeit von Alphawellen. Manchmal hilft einfach leise Musik, die sich nach einer gewissen Zeit von selbst abstellt.

Ein Mandolinenspiel für den Sultan von Kairo

Bei meinen Vorträgen erzähle ich an dieser Stelle gern die Geschichte eines ägyptischen Medicus. Er war Hofarzt des Sultans von Kairo. Der Erlauchte hatte Probleme beim Einschlafen, daher ließ der Doktor einen Mandolinenspieler ins Schlafzimmer kommen. Er sollte für den Herrscher ein bisschen spielen, langsam immer leiser und leiser werden. Ein Decrescendo, bis der Sultan eingedöst war. Das klappte wunderbar. Was damals die Mandoline war, kann heute ein Smartphone sein. Noch besser ein Buch.

Lesen vor dem Schlafen, sofern sich die Geschichte nicht um einen unersättlichen Serienkiller oder eine kleine Zombie-Apokalypse dreht, hilft dem Organismus, langsam runterzukommen. Das Gehirn wird nicht mit verschiedenen WhatsApp-Blings belästigt oder mit Schauernachrichten von Kriegsschauplätzen bombardiert, es kann sich auf eine Sache konzentrieren: die Geschichte. Seiten und Sätze. Umblättern.

Das Eintauchen in ein Buch beendet den Tag gemächlich. Langsam fallen die Augen zu und spätestens, wenn einem das Buch aus der Hand rutscht, ist es Zeit, die Lampe auf dem Nachttisch abzudrehen. Damit ist es aber leider nicht immer getan.

Schlafstörungen in den Wechseljahren

Frauen haben ab einem gewissen Alter oft Schlafstörungen. Das hängt mit dem Klimakterium zusammen, meinem Spezialgebiet als Gynäkologe. Die Wechseljahre bringen nachts manchmal Unbill mit sich.

Bei meinen Patientinnen unterscheide ich zwischen Einschlafproblemen, die stressbedingt sind, und Durchschlafstörungen, die hormonellen Ursprung haben. Für gewöhnlich ist das auf einen Östrogenmangel zurückzuführen. Das lässt sich mit einer Hormonsubstitution wunderbar in den Griff bekommen. Manche Frauen schrecken sich allerdings, wenn sie das Wort »Hormonersatztherapie« nur hören. Der Grund liegt in der Vergangenheit.

In den Neunzigerjahren galt die Hormontherapie in der Gynäkologie noch als Maß aller Dinge. Nach dem Gießkannenprinzip wurden Frauen jenseits der fünfzig Hormone empfohlen und flächendeckend verabreicht – unabhängig von Alter und Ausgangssituation. Eine groß angelegte US-Studie, die *Women's Health Study* (WHI), zeigte 2002 die Auswirkungen auf. Es stellte sich heraus, dass manche Frauen ein höheres Risiko für Schlaganfälle, Thrombosen, Herz-Kreislauf-Erkrankungen und auch Brustkrebs hatten. Weil die Hormone – aus Pferdeharn hergestellte Östrogene – falsch oder unbedarft verschrieben worden waren. Was blieb, waren Unbehagen und Skepsis gegenüber der Wirksamkeit.

Hormone können individuell helfen

Mittlerweile ist es keine Frage des Risikos mehr. Heute werden die Therapien genau auf die Bedürfnisse der Patientinnen abgestimmt. Wenn diese Individualisierung erfolgt, sind von einer richtig angewendeten Hormontherapie nur positive Effekte zu erwarten. Sie ist gesundheitsfördernd und hat Anti-Aging-Wirkung, zum Beispiel für die Haut und Schleimhaut. So gesehen macht sie ganz nebenbei auch schön.

Die richtige Hormontherapie ist auch im Zusammenhang mit Mental Health von großer Bedeutung und derzeit der Hauptgrund, warum sie in den USA eine Renaissance erfährt, wie es kürzlich in der *New York Times* zu lesen war. Viele Frauen in der Menopause stehen im Berufsleben, vielleicht im Management, und können sich Einbußen bei der Kognitivität nicht erlauben. Sie wollen Lösungen, am besten schnelle und effiziente.

Jede dritte Frau leidet in den Wechseljahren unter schweren Beschwerden. Da reden wir nicht mehr von Stimmungsschwankungen und kleinen Kaprizen, sondern von permanenten Schlafstörungen, Wallungen, Gelenkschmerzen und Trockenheit der Schleimhaut, der Haut und auch der Augen in Kombination mit Schwindel und dem Gefühl, stark an Lebensqualität einzubüßen.

Die Frau fühlt sich nicht mehr willkommen in ihrem Körper. Eine neue Lebensphase ist angebrochen. Hier braucht es Unterstützung. Natürlich ist das im Einzelnen zu klären. Jede Frau ist anders, ein einzigartiges Geschöpf.

Es hat sich gezeigt, dass Hormone die Osteoporose anhalten können, Stoffwechselerkrankungen reduzieren sowie das Risiko für Kreislauferkrankungen, Demenz, Alzheimer und Dickdarmkrebs senken. Entscheidend ist die richtige Verabreichungsform, damit es sicher ist. Ich darf hier sogar darauf verweisen, dass es in der Hormonforschung einen eigenen Score gibt, der nach mir benannt wurde. Der »Metka-Score« beinhaltet die gesamte Vielfalt der klimakterischen Beschwerden.

Wer schlecht schläft, findet andere unattraktiv

Verbauen Sie sich nicht den Weg zum Jungbrunnen. Eine Nacht schlechter Schlaf reicht schon, damit andere Menschen uns weniger attraktiv und vertrauenswürdig finden. Das zeigen aktuelle Forschungsergebnisse.

Christian Benedict, ein deutscher Neurowissenschaftler und Schlafforscher an der Universität Uppsala in Schweden, drehte den Spieß um und untersuchte, wie Menschen mit Schlafentzug andere Personen bewerteten. Das Ergebnis: Auch sie finden Menschen weniger attraktiv und vertrauenswürdig. Das heißt, Nächte ohne guten Schlaf verursachen hinsichtlich menschlicher Kommunikation schlechte Gefühle in beide Richtungen – unbewusst, aber merkbar.

Übrigens verriet Benedict in einem Interview, dass auch er keinen Geheimtrick zum Einschlafen kenne. Er sieht die Sache so:

Schlaf ist kein Leistungssport. Wir sollten wegkommen von der Idee, dass wir versagt haben, wenn wir keine sieben Stunden geschlafen haben. Im Bett liegen, gehetzt auf die Uhr blicken – so klappt es nicht. Schlaf bereitet man den ganzen Tag über vor.

Für das Herz-Kreislauf-System ist es problematisch, wenn man nicht genug schläft. Es nutzt unseren Schlaf für Reparaturprozesse. Fehlt der erholsame und wichtige Nachtschlaf, können wir zum Beispiel am Tag unter Bluthochdruck leiden. Studien zeigten außerdem, dass Menschen, die nicht genug schlafen, dazu neigen, zu viel und zu süß zu essen. Außerdem signalisieren Hormone dem Körper dann eher, Fett zu speichern. Langfristig geht Ihre Belastungsfähigkeit dadurch hinunter. Der Akku leert sich.

Wir können Dinge schlechter in Kontext setzen und die Kompetenz, Probleme zu lösen, lässt nach. Die Leistungsfähigkeit nimmt ab, man wird impulsiver und kann mit stressigen Situationen nicht mehr gut umgehen. Gerade wenn wir beruflich am Anschlag stehen, gibt uns Schlaf eine Resilienz, damit besser umzugehen.

Die Mär von der schlaflosen Managerelite

Schlafforscher Benedict weiß: Niemand kommt mit zu wenig Schlaf klar. Mit wenig Schlaf zu Höchstleistungen fähig zu sein, ist ein Trugschluss. Manche Manager sehen sich als die schlaflose Elite. Mit Tests wurde das gut untersucht: Menschen performen schlechter, wenn sie zu wenig geschlafen haben. Das nicht mehr richtig einschätzen zu können, ist auch ein Symptom des Schlafentzugs. Der Bezug zur Realität geht verloren.

Dabei gibt es geschlechterspezifische Unterschiede. Eine Studie zur Schichtarbeit ergab, dass Frauen häufiger müde sind und sogenannte Mikroschlafepisoden haben, also kurz wegnicken. Die Eiweißstoffe, die im Blut anzeigen, wie gestresst das Gehirn durch den Schlafentzug ist, steigen bei Frauen stärker an als bei Männern. Die Annahme, dass Frauen einen höheren Schlafbedarf haben, kann damit zusammenhängen, dass sie kognitiv mehr Ressourcen nutzen als Männer. Es findet mehr Interaktion zwischen den Hirnhälften statt.

Der Hintergrund zwischen den Phasen der Ruhe und des Rennens liegt in der Evolution und im Begriff der Chronobiologie. Die Zeit der Ewigkeit für uns.

Das Metronom des Lebens

Der Taktgeber für die menschliche Existenz ist die Erdrotation. Das Metronom des Daseins, es definiert eine Zeit des Aktiven und eine des Passiven. Die Rhythmik der Polarität. Wachsein und Schlafen. Das ist auch im letzten Kapitel, in dem es um die Ernährung geht, entscheidend. Ich darf vorausschicken: Einerseits ist das Essen als Kind gesund und die Voraussetzung für das Leben. Andererseits verlängert das Nichtessen im Alter die Lebenszeit.

Unser Körper vermisst das Leben und den Tag
permanent. Wenn wir länger nichts essen, werden die
Reparaturwerkzeuge stimuliert, Putzvorgänge
gestartet, alte Zellen entsorgt und die DNA aufpoliert.

Es kommt zur wundersamen Innenreinigung namens Autophagie, von der wir schon gehört haben. Im Organismus werden so etwas wie biochemische Schraubenschlüssel zur Verfügung gestellt, vor allem in Kombination mit dem Fasten. Das heißt Ausbesserung der Gene, die Sirtuine werden munter. Stoffwechselprodukte für die Notversorgung sind aktiviert und zeigen einen Verjüngungseffekt. Umgekehrt wird der Blutzucker gesenkt und die Wachstumsfaktoren werden eingefroren.

Anders ist das in der Phase untertags beim Essen. Wenn man nach der kurzen Hunger- und Schlafphase wieder gesund zu essen beginnt, hat das immense Vorteile. Es bilden sich vermehrt Mitochondrien, die Kraftwerke unserer Zellen, der chemische Energielieferant Adenosintriphosphat (ATP) wird zur Verfügung gestellt, Zucker und Insulin sind da, um unseren Körper zu Hochleistungen zu bringen. Alles eine Frage der Zeit. Und der Abwechslung.

Hungrig schlafen zu gehen, ist manchmal besser als jede Schönheits-OP. Der Chirurg in der Privatklinik mag das wahrscheinlich anders sehen, aber trotzdem. Nicht jeder Eingriff ist so stark wie ein nachhaltiger Gedanke. Das Gefühl der Jugend steckt im Kopf, wie eine unsichtbare Gießpflanze. Bleibt sie trocken, kommen die Falten. Wird sie bewässert, blüht sie auf.

Sieben Übungen für eine gute Nacht

Übung Nummer eins: Schaffen Sie bewusst Kontraste zwischen Tag und Nacht. Das fängt mit dem Aufstehen an. Tanken Sie Tageslicht, bewegen Sie sich. Trinken Sie den Kaffee am Fenster oder – noch besser – gehen Sie vor die Tür. Steigen Sie auf dem Weg in die Arbeit eine Station früher aus der Straßenbahn aus und gehen Sie den restlichen Weg. Verschieben Sie nicht alles, was Sie machen wollen, in den Abend.

Übung Nummer zwei: Meiden Sie Fernseher, Handy und PC vor dem Einschlafen. Das blaue Licht, von dem Sie vielleicht schon gehört haben, bringt die Chronobiologie durcheinander und der Körper glaubt, er muss noch was erledigen.

Übung Nummer drei: Halten Sie an Routinen fest. Essen Sie regelmäßig und zu den gleichen Zeiten. Mindestens drei Stunden vor dem Schlafengehen sollten Sie den Kühlschrank geschlossen lassen, auch wenn er noch so verlockend Ihren Namen flüstert.

Übung Nummer vier: Probieren Sie, Ihre innere Uhr zu stellen. Sagen Sie sich: »Morgen möchte ich um sieben Uhr aufstehen und in Ruhe frühstücken.« Es ist besser, ohne Wecker selbst aufzuwachen. Deaktivieren Sie die Schlummerfunktion am Handy. Die fünfzehn Minuten Aufschub machen Sie nicht munterer.

Übung Nummer fünf: Führen Sie ein Schlaftagebuch, um zu sehen, wie der Monat nachts verlaufen ist. Haben Sie mindestens dreimal die Woche über einen Zeitraum von drei Monaten Schwierigkeiten mit dem Ein- und Durchschlafen, fragen Sie Ihren Arzt oder vereinbaren Sie einen Check im Schlaflabor.

Übung Nummer sechs: Fahren Sie am Abend den Energielevel bewusst runter. Legen Sie sich ins Bett, wenn Sie müde sind, und nicht bloß wegen der Uhrzeit.

Übung Nummer sieben: Schließen Sie die Augen und atmen Sie langsam und bewusst ein und aus. Auf der anderen Seite wartet ein Film auf Sie. Willkommen im Kino der Träume. Mit ein bisschen Glück spielen Sie heute *A Beautiful Mind*.

Kapitel vierzehn
MENTALES ANTI-AGING

Die Neurowissenschaft hat im Gehirn sogenannte stille Synapsen entdeckt. Sie sorgen dafür, dass der Mensch bis ins hohe Alter lernen kann. Empathie zum Beispiel. Wenn Sie bewusst Rücksicht auf andere nehmen, altern Sie langsamer.

Brain Scan

Was stört Sie an Ihrem Körper eigentlich am meisten? Sind es die Falten im Gesicht? Oder gibt es auch andere Bereiche, die Ihnen missfallen und womöglich sogar Schmerzen bereiten? Dann habe ich eine gute Nachricht für Sie, eine sehr gute sogar. Das, was Sie vorhin über Mind Lifting gelesen haben, also die einfachen Übungen und Gedankenspiele, die helfen, jung auszusehen, helfen auch, alle anderen Organe und Körperregionen zu regenerieren. Der Body Scan – erinnern Sie sich?

Gehen Sie Ihren Körper beziehungsweise die Stellen, die Sie in den Fokus rücken möchten, mit Ihrem inneren Scanner durch und schicken Sie überall dort, wo es nötig ist, Ihre Regenerationsenergie hin.

Der Fluss Ihrer inneren Aufmerksamkeit fließt dann zum Beispiel vom Nacken über die Schulter in den Oberarm und den Ellenbogen, zum Unterarm, über das Handgelenk, die Handfläche, die Finger bis hin zu den Fingerkuppen. Scannen Sie jeden Finger einzeln für ein noch intensiveres Gefühl. Danach gehen Sie zum zweiten Arm über. Dann gehen Sie weiter zu Ihren Beinen: Oberschenkel, Knie, Unterschenkel, Füße, Knöchel, Zehen ...

Achten Sie dabei darauf, dass Sie nicht zu schnell vorgehen. Scannen Sie jeden Körperteil einzeln – von der Hüfte abwärts über den Oberschenkel zum Knie, Schienbein, Wadenbein, Fußgelenk, Ferse, Fuß und dann zu allen Zehen einzeln bis in die Spitzen. Wenn Sie dies so durchführen, tun Sie bereits sehr viel für Ihr Anti-Aging.

Anregung des Blutflusses und Erweiterung der Gefäße, Früherkennung oder sogar Heilung vieler Krankheiten, Energieschub, Stressminderung sind nur einige Vorteile davon. Und was ist noch mal wichtig für ein faltenfreies Gesicht? Erinnern Sie sich? Waren es vielleicht Entspannung und Stressreduktion? Sie sehen also, wie sich der Kreis langsam schließt und wie sowohl der Face Scan als auch der Body Scan zu Ihrem Anti-Aging beitragen.

Fertig? Wenn ja, dann wette ich, dass Sie ein Organ vergessen haben – einfach deshalb, weil Sie es nicht als Organ wahrnehmen. Es besteht zu 55 bis sechzig Prozent aus Fett und nicht, wie man glauben möchte, aus Schweinefett, sondern sehr hochwertigem Fett, darüber hinaus aus Gewebe, aus einer grauen und einer weißen Substanz. Es ermöglicht uns hoch differenzierte Sinneswahrnehmungen und koordiniert komplexe Verhaltensweisen. Es ist in etwa wie der Chef unseres zentralen Nervensystems. Wir können es auch so sagen: Es steuert und speichert unsere Gefühle, Erinnerungen und Gedanken. Die Rede ist natürlich von unserem Gehirn.

Kognitives Anti-Aging gewinnt an gesellschaftlicher Bedeutung, je höher die durchschnittliche Lebenserwartung wird. Wir wollen nicht nur ein strahlendes Gesicht, sondern auch unsere geistigen Kräfte bewahren. Reden wir also über den Brain Scan, *eine von mir zu diesem Zweck erdachte Methode, die meiner Meinung nach in einer Welt mit sich pandemisch ausbreitenden Demenz- und Alzheimererkrankungen ungeheures Potenzial hat.*

So wichtig und doch so unerforscht: unser Gehirn

Die Medizin steckt in Sachen kognitives Anti-Aging noch vergleichsweise in den Kinderschuhen. Gegen Alzheimer und Demenz – beides Krankheiten, bei denen sich die kognitiven Fähigkeiten innerhalb kurzer Zeit rapide verschlechtern – gibt es nach wie vor keine Impfung, geschweige denn ein Medikament. Und das trotz ihrer bereits angesprochenen pandemischen Ausbreitung. Bis 2050 soll sich die Zahl der Erkrankten nahezu verdoppeln. Doch wieso ist das so? Wieso sind so viele Menschen davon betroffen?

Einer der Hauptgründe ist naheliegend: Die Menschheit wird immer älter. Die Lebenserwartungen steigen und es gibt viel mehr alte Menschen in besseren Lebensbedingungen als früher. Und mit dem steigenden Alter vergrößert sich wohl oder übel auch die Möglichkeit nicht übertragbarer Krankheiten. Auch Übergewicht, Diabetes, Rauchen und Alkohol sehen Forschende als Gründe für Demenz. Da diese Probleme ebenso im Vormarsch sind, ist es nicht verwunderlich, dass sich die Demenz wie eine Seuche verbreitet.

Übrigens: Eine der einfachsten Maßnahmen zur Demenzvorbeugung ist, regelmäßig den Blutdruck zu messen.

Vor allem ist der Zusammenhang des Zuckerkonsums mit dem Demenzrisiko auffällig. Viele Studien belegen, dass – unabhängig davon, ob jemand Diabetes hat oder nicht – ein erhöhter Blutzuckerspiegel einen eigenständigen Risikofaktor für Demenz darstellt. Es scheint gesichert zu sein, dass Zucker die Blut-Hirn-Schranke überwindet, was zur Entzündung der Mitochondrien im Gehirn führt. Mitochondrien sind, wie bereits erwähnt, die Kraftwerke unserer Zellen. Sie sind für Stoffwechselprozesse im Gehirn verantwortlich. Nehmen sie Schaden, verschlechtert sich die Leistung unseres Gehirns. Ich darf bei dieser Gelegenheit wieder einmal erwähnen: Diabetes ist Altern im Zeitraffer.

Es gibt einen namhaften amerikanischen Dermatologen, der seine Botschaft in einem Buch verkündet hat. Sie lautet: Wenn Sie dreißig Tage keinen Zucker essen, schauen Sie um zehn Jahre jünger aus. Eine typisch amerikanische Message, aber mit wahrem Gehalt.

Gesunde Ernährung mit kaum Zucker ist demnach wichtig. Ebenso aktiviert körperliche Bewegung das Gehirn und hilft damit, das Demenzrisiko zu senken. Wie bei fast allen Krankheiten stellen außerdem Alkohol und Rauchen einen immens hohen Risikofaktor dar und sollten deshalb ebenfalls vermieden werden.

Lachen, Diskutieren, Zuhören und Spielen – was nach einer Menge Spaß klingt – sind weitere Maßnahmen gegen Demenz. Soziale Kontakte fordern unser Gehirn, weshalb wir sie regelmäßig pflegen sollten. Leben Sie aktiv, unternehmungslustig und neugierig und reduzieren Sie dadurch Ihr Demenzrisiko. Regelmäßiges Gehirnjogging hält Ihr Gehirn auf Trab und Ihren Geist rege. Und apropos reger Geist: Sollten Sie mit zunehmendem Alter an Hörverlust leiden, zögern Sie nicht, diesen untersuchen zu lassen, und nehmen Sie gegebenenfalls die Möglichkeit von Hörgeräten an. Denn durch die Reduktion der akustischen Reize wird das Gehirn unterfordert und das Demenzrisiko steigt extrem an.

All diese Dinge sind mehr oder weniger einfache Maßnahmen, die Sie vorbeugend anwenden können, um das Risiko für Gehirnerkrankungen zu reduzieren. Eine Behandlung für die Krankheit gibt es jedoch nach wie vor nicht. Wenn es um die grauen Zellen geht, tappt die Forschung immer noch durch Grauzonen. Und uns bleibt nichts als die graue Gewissheit, damit leben zu müssen, wenn das Schicksal zuschlägt.

Aber Sie hätten nicht erst dieses Buch zur Hand nehmen müssen, um das zu erfahren. Welche Bewandtnis hat es also mit dem Brain Scan?

Probieren wir es aus. Suchen Sie sich wieder ein ruhiges Plätzchen, an dem Sie für einige Zeit ungestört sind, und lehnen Sie sich entspannt zurück. Schließen Sie Ihre Augen und konzentrieren Sie sich auf Ihren Atem. Fokussieren Sie sich dabei auf Ihr Gehirn. Lassen Sie Ihren Atem nach oben gleiten und spüren Sie, wie die Energie in jede Faser, jedes Gefäß, jeden Winkel Ihres Gehirns strömt. Sehen Sie Ihr Gehirn nicht als Gefäß Ihrer Gedanken und Träume, Ihres Egos und Ihres Selbst, Ihrer Freude und Ihres Ärgers, sondern als Organ unter Ihrer Schädeldecke und über Ihren Augen, als ein Organ, das Sie ansteuern können wie Ihre Hände, Ihr Gesicht oder Ihren Magen und das genauso darauf reagiert. Es wird wärmer, beginnt zu kribbeln und Sie haben das Gefühl, als würde es größer werden, als wäre es schon ein wenig eingeschrumpelt gewesen, wie eine alte Walnuss in ihrer Schale, und als würde es nun wieder mit frischem, jungem Leben erfüllt.

Einige meiner Patienten haben mir nach dieser Übung erzählt, dass dieser für sie meist völlig neue Kontakt zu dem Organ unter Ihrer Schädeldecke einige Überraschungen bereithielt. Zum Beispiel, dass sie so erst feststellten, wie gestresst es war. Sie konnten durch ihren Fokus darauf quasi die kleinen Verspannungen im Gehirn fühlen und das Schöne dabei war, dass sie diese Verspannungen fühlten, während sie durch den Scan gerade nachließen.

Eine Patientin meinte zu mir, sie hätte Sorge gehabt, ihr Gehirn würde durch den Scan zu groß für ihren Schädel werden, aber keine Sorge, das passiert nicht. Die Autoregeneration mit der Kraft der Gedanken kann nichts anderes erreichen, als die Dinge wieder so einzurichten, wie sie sein sollten, und in Sachen Gehirn ist der regelmäßige Brain Scan dazu ein fantastisches Mittel.

Ich meditiere!

Joggen Sie gerne? Oder spielen Sie gerne Tennis? Vielleicht ist es Ihnen dann schon einmal passiert, dass Sie ein Knie überlastet haben. Oder möglicherweise hat Ihnen nach einem anstrengenden Tennisspiel Ihre Schulter wehgetan. Vermutlich sind Sie nicht gleich am nächsten Tag erneut laufen gegangen oder haben Tennis gespielt. Sie haben Ihrem Körper ein wenig Ruhe gegönnt. Auch nach einem Muskelkater, nachdem wir beispielsweise unsere Arme trainiert haben, sollten wir nicht gleich am nächsten Tag dieselben Körperteile wieder beanspruchen. Wir sollten ihnen und den Muskeln Zeit zur Regeneration geben.

Wieso also gönnen wir unserem Gehirn keine Auszeit zur Regeneration? Täglich arbeitet es für uns, steuert unseren gesamten Körper, unsere Gedanken, jeden einzelnen Handgriff, den wir tätigen. Wir überfluten es mit unseren Emotionen, Ängsten und einem schier nie enden wollenden Gedankenkreislauf. Wir stressen uns, ärgern uns, freuen uns. Das Gehirn muss arbeiten, arbeiten, arbeiten. Ach, gäbe es bloß eine Möglichkeit, diesen Gedankenkreislauf zu reduzieren und unser Gehirn zu entspannen. Ich will Ihnen an dieser Stelle verraten: Die gibt es und das Zauberwort heißt »Meditation«.

Genauso wie Sie Ihren Arm nach einem Tennismatch ein paar Tage ruhen lassen, sollten Sie auch Ihrem Gehirn Ruhe gönnen – in Form von Meditation. Oder mit einigen mentalen Übungen, die Sie Ihre Alltagsgedanken, Emotionen und Ängste zumindest für eine kurze Zeit vergessen lassen.

Während einer Meditation konzentrieren wir uns nur auf uns, unseren Körper und die vollständige Entspannung. Das tut uns gut und gibt dem Gehirn Zeit, sich von all dem Stress und kreisenden Gedanken zu erholen.

Oder auch im Gebet. Es sei dahingestellt, ob Sie nun religiös sind oder nicht. Fakt ist: Im Gebet vergessen wir ebenfalls für kurze Zeit unsere Gedanken, kommen zur Ruhe und konzentrieren uns nur auf eine Sache. Gebete sind somit auch eine Form der Meditation.

Sowohl der Face als auch der Body und Brain Scan sind im Grunde nichts anderes als Meditationsübungen. Denn während wir sie durchführen, liegt unser voller Fokus auf Teilen unseres Gesichts, bestimmten Körperstellen oder unserem Gehirn und dabei können wir gar nicht darüber nachdenken, wie wir mit der neuen Kollegin umgehen sollen, die sich so unverschämt an den Chef ranschmeißt, oder mit der Schwiegermutter, die jeden unserer Handgriffe kritisiert.

Im Prinzip sind alle diese Scans spezielle Atemübungen und alle, die Meditationserfahrung haben, wissen: Atemübungen gehören zum Anfang und zu den Grundlagen der Meditation. Wer also Autoregeneration mithilfe von Mind Lifting, Body Scan oder Brain Scan betreibt, kann mit Fug und Recht von sich behaupten: Ich meditiere.

Empathie als komplexes Gehirntraining

Wir spüren mehr, als wir denken. Wir fühlen mehr, als wir wissen. Und wir lernen länger, als wir glauben.

Entgegen der bisherigen Meinung, der Mensch höre ab einem gewissen Zeitpunkt auf, aktiv zu lernen, und greife

bloß auf erworbenes Wissen und Erfahrung zurück, brin-
gen aktuelle Forschungsergebnisse eine Frohbotschaft:
Das Gehirn lernt im Erwachsenenalter auf die gleiche
Weise wie in jungen Jahren. Sogar im hohen Alter noch
können sich neue neuronale Bahnen bilden.

Die Wissenschaft entdeckte dazu die sogenannten »stillen Synapsen«. Sie reagieren feinfühlig auf neue Reize, wie sensible Freunde, die einem still und leise helfen möchten. Erstaunlich dabei ist, wie umfangreich stille Synapsen vertreten sind. Bisher gingen Hirnforscher von zwei Prozent stillen Synapsen pro Gehirnzelle aus. In Wahrheit sind es dreißig Prozent, also fast ein Drittel. Das bedeutet, Milliarden stiller Synapsen sind erpicht darauf, neue Erfahrungen und Inhalte in der Brain Cloud zu speichern.

Forscher des *Massachusetts Institute of Technology* (MIT) in Boston fanden diese Vielzahl von stillen Synapsen im Gehirn erwachsener Mäuse und publizierten diese bahnbrechende Erkenntnis im November 2022 im Fachmagazin *Nature*. Beim Lernen bilden sich neue Nervenverbindungen wie Netze, die sich allerdings wieder zurückbilden, wenn sie der Mensch nicht nützt. Die stillen Synapsen sind Ausbuchtungen der Zellmembran, sogenannte Filopodien, die Signale an die Umwelt schicken. Empathie lässt sich somit neurowissenschaftlich erklären.

Brain Building – die Kunst, Gedanken zu stemmen

Die Neuroplastizität wächst, wenn man die geistigen Fühler ausstreckt, ein Leben lang. Werden die Filopodien mit Informationen versorgt, auch durch nonverbale Kommunikation, geraten sie in Fahrt und bahnen sich neue Wege. Mit anderen Menschen zu reden, ihnen zuzuhören und Gefühle zu zeigen, bringt den Geist weiter. Vor allem im sogenannten Pensionsschock, wenn beispielsweise ein Manager zwanzig Mitarbeiterinnen und Mitarbeiter hatte, mit denen er kommunizieren musste, und plötzlich allein daheim sitzt und in die Luft schaut. Er trainiert sein Gehirn nicht mehr. Die Empathie lässt nach, wenn die Reize weniger werden. Der Mensch verkümmert.

Das ist wie bei Bodybuildern, die von heute auf morgen keine Gewichte mehr stemmen. Die Muskeln werden abgebaut. Es gibt aber auch *Brain Building*, mentales Hanteltraining. Wer sich geistig gehen lässt und seine Umgebung als Hort der Langeweile ansieht, baut Gehirnzellen ab und verhindert neue Verknüpfungen. Die stillen Synapsen veröden. Man sieht das deutlich bei älteren Menschen, die aufgrund einer Krankheit ans Bett gefesselt sind. Ihre Hirnkapazität schwindet zusehends. Oder sie wächst.

Ein Freund von mir besuchte unlängst Eric Kandel in den USA. Kandel ist Psychiater, Physiologe, Neurowissenschaftler, Verhaltensbiologe und Biochemiker. Im Jahr 2000 bekam er den Nobelpreis verliehen. Kandel ist gebürtiger Wiener. Sein Buch *Was ist der Mensch? Störun-*

gen des Gehirns und was sie über die menschliche Natur verraten wurde als österreichisches Wissenschaftsbuch 2019 in der Kategorie »Medizin/Biologie« ausgezeichnet.

Der gute Tipp des Nobelpreisträgers

Jedenfalls traf mein Freund diesen genialen Mann, der heute 93 Jahre alt und als Professor voll in den Universitätsbetrieb integriert ist (übrigens muss man in den USA noch in diesem Alter alle zwei Jahre eine Eignungsprüfung ablegen). Sie plauderten im Hörsaal der Universität in Boston über das Leben und andere Verrücktheiten und mein Freund fragte: »Eric, verrate mir dein Geheimnis. Wie machst du das, mit 93 noch geistig voll da zu sein? Wie geht das, dass du so gut drauf bist, hm?«

Kandel sah ihn verschmitzt von der Seite an und antwortete: »Arbeit, Arbeit, Arbeit. Ganz einfach, du darfst nicht aufhören, nicht nachgeben. Wenn du aufhörst, ist es aus.«

Er meinte natürlich nicht, dass jeder Mensch bis neunzig im Berufsleben stehen sollte, nein, Kandel ging es vielmehr darum, den Geist auf Trab zu halten, wie auch immer man das bewerkstelligt. Ist das Arbeitsleben beendet, kann sich jeder Mensch etwas Adäquates suchen, um die grauen Zellen mit Input zu versorgen. Sei es mit einem Hobby, einer Vereinsmitgliedschaft oder einer wohltätigen Aufgabe. Das Brain Building sollte nie aufhören. Die Empathie kennt keine Pension.

Wenn einem nicht der Sinn nach Vereinsmeierei steht, kann man immer noch ein Buch schreiben, Bilder malen, ein Musikinstrument lernen oder sich eine Fremdsprache aneignen.

Die Zeit in Paris, als ich einer alten Dame Deutsch beibrachte

Als ich seinerzeit in Paris studierte, das war 1970, also auch schon ein paar Wochen her, musste ich mir mein Geld für dieses luxuriöse Vorhaben verdienen. Ich gab Deutschunterricht. Meine Lieblingsschülerin war eine Frau über neunzig – wallende weiße Haare und eine Brille mit goldenem Rahmen, die sie an einer Kette um den Hals trug. Früher, sagte die alte Dame, hatte sie in der Modebranche gearbeitet, als Mannequin, dann im Design, sie entwarf Kleider. Dem weltberühmten Maler Amedeo Modigliani stand sie einst Modell. Ich nannte sie nur Madame.

Diese Madame wollte es sich nicht nehmen lassen, ihr Gehirn zu trainieren – jeden Tag. Ich brachte ihr Deutsch bei. Die Verben, die Grammatik, den Klang. Schon nach ein paar Wochen konnte sie sich mit mir unterhalten, über Paris und die Frauen, über Medizin und die Kunst, in Würde alt zu werden. Ich war fasziniert von dieser Stadt, den Champs-Élysées, der Großzügigkeit, mit der diese Prachtstraße aufwarten konnte. Madame nickte und lächelte wie ein junges Mädchen.»Oui, oui, les Champs-Élysées ...« Auch in meinem Alter verblasst ihr Charme nicht. Sie war eine gescheite Frau, elegant vom Wesen und wissbegierig von Natur aus. Ich schätzte sie sehr.

Empathie und der Wille, sich weiterzubilden, gelten als beste Voraussetzungen für mentales Anti-Aging. Kopfsache jung – das geht immer von oben aus. Von der Kommandobrücke.

Manche Menschen machen das von Haus aus richtig, intuitiv. Sie altern glücklich, gesund und schauen noch dazu gut aus, weil sie zufrieden sind. Sie tun das nicht alleine, sondern im Kollektiv. Mit dem Ergebnis, dass an manchen Orten auf der Erde die Menschen außergewöhnlich alt werden. Dieser Umstand rief zwei neugierige Forscher auf den Plan.

Das Geheimnis der Blauen Zonen

Es begann damit, dass den Biomediziner Gianni Pes von der Universität Sassari manche Dörfer Sardiniens stutzig machten. Die Leute lebten länger, als es die Statistik erlaubte. Pes zog auf einer Landkarte blaue Kreise um diese Gebiete, um sie hervorzuheben. »Blaue Zonen«.

Bei einem Demografiekongress in Montpellier in Südfrankreich, zehn Kilometer von der Mittelmeerküste entfernt, berichtete Gianni Pes stolz von seiner Entdeckung und erntete ... Gelächter. Die Demografen dachten, er wäre zu Mittag zu lange beim Chablis geblieben. Solche Spinnereien möge er auf Sardinien belassen, aber bitte nicht hier, beim Expertenkongress. Um seine

These offiziell zu widerlegen, schickten sie Pes den belgischen Demografen Michel Poulain, der international bekannt und angesehen war für seine Akkuratesse. Lustigerweise begegneten die beiden einander nicht mit Argwohn, Spott und Zwietracht. Im Gegenteil, sie verstanden sich prächtig. Poulain und Pes (allein die Namenskombination klang wie ein Komödiantenduo aus einem Nachtklub in Nizza) nahmen ihre Sache bierernst. Sie stöberten in Geburtenregistern, besuchten Friedhöfe, beäugten Grabsteine, notierten sich Namen von Ortsansässigen und fassten ganze Schicksale zusammen. Extrem akribisch. Ihre Arbeit wuchs in Stapeln von Papier. Und es zeigte sich, dass Pes' ursprüngliche Vermutung – gemeinhin abgewiesen und hinter vorgehaltener Hand belacht – sehr wohl richtig gewesen war. Es gibt sie, diese »Methusalem-Orte«.

Anti-Aging-Recherchen zwischen Sardinien und Japan

Auf Sardinien waren 3.000 Fälle von über Hundertjährigen dokumentiert, die meisten davon in der Provinz Ogliastra. Nicht nur das Dolce Vita Italiens hielt sie so vital. Das Geheimnis dieser Menschen, das alle verband, war, in allem das richtige Maß zu finden. Bemerkenswert war auch der Umstand, dass diese Menschen als freundlich, offen und weise galten. In ihnen wohnten der Kern der Empathie, die Ruhe und das Gefühl, mit allem eins zu sein, nie über den Dingen zu stehen.

Nachdem Poulain und Pes ihre Arbeit veröffentlicht hatten, bekamen sie eine Einladung aus Okinawa zugeschickt. Flug und Hotel waren reserviert, es ging um den professionellen Austausch unter Kollegen. Angesehene Ärzte vermuteten, dass es auch in Japan solche Wunderplätze gab. Damit erreichte die Recherche eine andere Dimension. Zu den Demografen gesellten sich auf einmal Biomediziner, Informatiker und Ernährungswissenschaftler, alles war plötzlich erfasst von einer internationalen Ernsthaftigkeit. Das Ganze bekam ein wissenschaftliches Indiana-Jones-Feeling. »Indy und die Jagd nach dem langen Leben«, so in der Richtung.

Auf der Inselgruppe Okinawa im Süden Japans zeigte sich: Mehr als 900 Einwohner waren in einem Rayon hundert Jahre und älter. Umgerechnet fünfmal so viele wie in Deutschland. Sie alterten aus gutem Grund und der heißt im Geiste gegenseitiger Unterstützung.

Das Dorf mit der höchsten Lebenserwartung

Im nördlichen Küstenort Ogimi lebten die meisten Alten. Die Bewohner sind heute noch stolz auf den Titel »Dorf mit der höchsten Lebenserwartung Japans«. Sie haben einen witzigen Zugang zum Altern, festgehalten als Maxime: »Mit siebzig bist du ein Kind, mit achtzig ein Jugendlicher und mit neunzig, wenn dich deine Ahnen in den Himmel rufen, bitte sie, zu warten, bis du hundert bist. Dann könntest du darüber nachdenken.« Der

Spruch ist in einen Gedenkstein gemeißelt, er steht neben einem Wasserfall am Ortseingang.

Poulain und Pes sahen im Leben der Alten eine Gleichförmigkeit. Bescheiden sein, einfach leben, stets weitermachen, nie ablassen vom Tun, mitfühlen mit anderen. Ihr Geist und ihre Weitsicht lagen in gegenseitiger Unterstützung. Alle alterten gemeinsam, niemand nur für sich.

Auf Okinawa gibt es übrigens kein Wort für Pension, keine Umschreibung für Ruhestand, nichts, das darauf schließen lässt, dass Menschen erst arbeiten und sich dann auf dem Erschaffenen ausruhen wie auf einer riesigen Couch. Dadurch bekommt das Dasein einen anderen roten Faden.

Entdeckung in Costa Rica: gute Blutwerte, kaum Krebs

Noch so eine bemerkenswerte Blaue Zone liegt in Costa Rica, und zwar im Nordosten von Nicoya, einer Halbinsel. Die Menschen dort haben Blutwerte wie hierzulande Kinder von Sportlern und eine signifikant niedrige Krebsrate.

Von den Alten kann man lernen. Sie sind selten alleine, leben in einem empathischen Miteinander. Sie reden viel, hören zu und essen gemeinsam – ohne rigide Diäten, ohne Fasten und Verbote. Sie ernten alles selbst, machen Bewegung, arbeiten in Ruhe, aber stetig und essen von kleinen Tellern. Stress wohnt woanders.

Forscher erkannten, dass bei den Menschen von Nicoya die Enden der Chromosomen, die Telomere, länger sind als bei den restlichen Costa Ricanern. Sie als Leserin und Sie als Leser wissen schon: Telomere verkürzen sich im Laufe des Lebens. Stress beziehungsweise dessen Folge, die Silent Inflammation, beschleunigt den Prozess und erhöht das Krebsrisiko. Weniger Hektik, längere Telomere – die Macht des Anti-Agings.

Michel Poulain und Gianni Pes entwarfen eine globale Landkarte, die zeigt, wo Menschen neunzig oder auch hundert Jahre alt werden: der Plan der Blauen Zonen. Vielleicht einmal eine Reise wert, wenn Sie Ihren 101. Geburtstag feiern.

Das Anti-Aging der Alten in sieben Regeln

Poulain ging noch weiter, analysierte den Lifestyle der Alten und destillierte daraus eine siebenteilige Anti-Aging-Anleitung, die sich mit dem überschneidet, was wir schon wissen, aber nicht befolgen:

Erstens. Bewegung soll ein Element des Alltags sein, kein artifizieller Spleen wie Extremsport oder Bungee-Jumpen als Ausgleich zum Stressberuf. Der Mensch ist auf natürliche Weise unterwegs.

Zweitens. Beim Essen hören die Menschen in den Blauen Zonen bewusst auf, bevor der Magen vor lauter Sättigung Müdigkeit erzeugt. Viel Gemüse, Obst und Getreideprodukte, auch Fleisch, aber in Maßen. Alles längst bekannt.

Drittens. Soziales Miteinander wird großgeschrieben. So genießen sie mehr und essen langsamer. Pausen soll man einhalten, fürs Ausschlafen ist gesorgt, Stress wird vermieden. Arbeit gehört dazu, aber keine Schwerarbeit.

Viertens. Die Familie ist den Alten am wichtigsten. Sie streben Solidarität an und zeigen sie auch. Man achtet aufeinander, teilt Gefühle mit anderen. Empathie in Reinkultur.

Fünftens. Die Alten bauen auf einen engen Freundeskreis, auf Menschen wie eine erweiterte Familie. Sie erleben den Alltag gemeinsam. Wichtig sind Feste, bei denen Jung und Alt zusammenkommen und feiern.

Sechstens. Die Alten leben mit der Natur, kennen Gutes und Gefahren. Sie wissen Bescheid um die Ressourcen der Erde. Ihr Essen und Trinken beziehen sie aus der Umgebung, was den Gemeinschaftsgeist fördert und die Sinnlichkeit der Region zum Ausdruck bringt.

Siebtens. Die Alten leben in fröhlicher Ernsthaftigkeit. Im Einklang mit der Spiritualität. In Nicoya ist es der *Plan de vida*, in Okinawa *Ikigai*, was so viel bedeutet wie »wofür es sich lohnt, aufzustehen«.

Neben Sardinien, Costa Rica und Okinawa fanden die Forscher noch zwei weitere Blaue Zonen: im kalifornischen Loma Linda und auf der griechischen Insel Ikaria.

Fünf magische Regionen, die das Anti-Aging verinnerlicht haben, weil sie den Lebensstil der Einfachheit praktizieren. Sie halten die Familie hoch, rauchen nicht, essen häufig Hülsenfrüchte, machen regelmäßig moderate körperliche Aktivitäten und sind sozial engagiert. Michel Poulain präsentierte dieses Konzept in seiner Heimat Belgien und in den Niederlanden. Den kommunalen Verwaltungen gefiel die Einfachheit des Prinzips. Sie schufen lokale Gesundheitszentren, die nicht aussahen wie Krankenhäuser, motivierten die Menschen zu mehr Bewegung und bauten Mehrgenerationenhäuser. Mit dem Ergebnis: Es funktionierte. Empathie lässt sich nicht auf einer Skala messen, dennoch stellte sie sich augenscheinlich ein.

Empathie fördert den Erfolg

Erstaunlicherweise fördert Empathie auch den persönlichen Erfolg. Analysten der US-Firma Catalyst befragten 900 Mitarbeiter in den Vereinigten Staaten, welche Eigenschaft sie an ihren Vorgesetzten am meisten schätzten. Einfühlungsvermögen stand ganz oben an der Spitze. Wer sich besser in andere hineinversetzen kann, sorgt für ein gutes Klima im Team, und das wiederum erhöht die Effizienz und bringt bessere Lösungen, auch in schwierigen Situationen.

Die Psychologie unterscheidet zwischen kognitiver und emotionaler Empathie. Kognitiv bedeutet, der Mensch kann die Gedanken und Gefühle anderer gut erfassen. Emotionale Empathie heißt, dass man mitfühlt, manchmal sogar so intensiv, als wären es die eigenen Gefühle.

Studien zeigten, dass diese Gabe bei einem von zehn Menschen angeboren ist. Die anderen neun können daran arbeiten, sich diese Fähigkeit anzueignen. Sie entwickelt sich übrigens schon in der frühen Kindheit. Der Prozess ist nie abgeschlossen. Verständnisvolle Eltern und Bezugspersonen vermitteln dem Kind, dass wir nicht immer an den eigenen Vorteil denken sollten. Bedürfnisse anderer zu erkennen und miteinzubeziehen, ist ein Teil der Herzensbildung.

Im Laufe des Lebens verfeinern sich unsere Antennen für die Mitmenschlichkeit. Je empathischer wir werden, desto mehr Sinnliches nehmen wir wahr. Trost, Mitgefühl, Freude, Leid – es sind unsichtbare Membranen, die die Menschen umgeben und die im Idealfall im Gleichklang mit dem Gegenüber schwingen.

Der langjährige Spar-Chef Gerhard Drexel hat zu diesem Thema erst vor ein paar Monaten ein Buch veröffentlicht: *Auf den Spirit kommt es an*. Darin schreibt er, dass in der gefühllosen Welt der Wirtschaft gerade die Empathie der entscheidende Faktor für den Erfolg ist.

Empathie als Schnellkurs

Wer Empathie erlernen will, folgt am besten diesen vier Schritten.

Erster Schritt. Entspannungsübungen und Atemtechniken helfen, den Blick nach innen zu richten und sich achtsam wahrzunehmen.

Zweiter Schritt. Vorurteile ablegen und die Perspektive wechseln. Wie schaut die Welt aus der Sicht des Gegenübers aus? Wie wirken Sie auf Ihr Gegenüber?

Dritter Schritt. Zuhören und fragen. Wer respektvoll Interesse am Innenleben anderer bekundet, wird mehr erfahren. Je unterschiedlicher die Menschen und Begegnungen sind, desto reicher wird der Erfahrungsschatz. Der Großteil der Kommunikation beinhaltet das Nicht-Ausgesprochene. Die Mimik, die Körpersprache, ein kleines Lächeln zwischendurch. Wer versteht, zwischen den Zeilen zu lesen, erfährt die ganze Geschichte.

Vierter Schritt. Er ergibt sich von selbst. Empathie ist ansteckend. Wenn Sie anderen als Vorbild dienen, färbt das auf die Umgebung ab – nicht nur seelisch, auch körperlich und vor allem gesundheitlich. Empathie ist als besonders komplexe Form des Gehirntrainings eine gute Alzheimer- und Demenzprophylaxe.

Rücksichtsvolle Menschen altern langsamer

Aus ärztlicher Beobachtung weiß ich, dass die Hirnalterung bei rücksichtsvollen Menschen langsamer vonstattengeht.

Die Sturheit eines alten Narzissten, den nichts Neues in seinem Fach oder in seinem Fortkommen mehr interessiert – so was soll ja vorkommen bei manchen Kollegen –, bedeutet Stillstand. Es gibt keine geistige Entwicklung mehr. Der alte Sturkopf ist am Ende der geistigen Einbahnstraße angelangt und was er sieht, ist nur mehr die Mauer seiner eigenen Vorstellungskraft.

Manche Berufsgruppen wiederum blühen im Alter auf, weil sie sich mit den Schwingungen der Umwelt beschäftigen. Dirigenten zum Beispiel, die anfangs bereits erwähnt wurden. Sie haben eine außergewöhnlich hohe Lebenserwartung, weil sie empathisch sein müssen. Dirigenten sind mit allen Musikern des Orchesters auf eine spezielle Art verbunden, sie reflektieren auf jede Note.

Oder Schauspieler. Sie trainieren ihr Gehirn durchs Textlernen und müssen die Empathie sozusagen inhaliert haben, sonst wird das nichts mit der Glaubwürdigkeit.

Auch Architekten werden alt. Räumliches Vorstellungsvermögen sowie das Verständnis für Menschen, die dann in einem Haus Jahre ihres Lebens verbringen werden, beinhalten einen gefühlstechnischen Weitblick. Mental ist das wichtig.

In Sachen Alzheimer laufen die Forschungen zurzeit auf Hochtouren. Erste Vorabergebnisse zeigen, dass es für Prävention nie zu früh und auch nie zu spät ist.

Zwölf Risikofaktoren für Demenz

Auf folgende beeinflussbare Demenzrisikofaktoren wurde von der *Lancet*-Kommission für Demenzprävention, -intervention und -versorgung 2020 hingewiesen: geringe Bildung, Bluthochdruck, Hörminderung, Rauchen, Fettleibigkeit, Depression, körperliche Inaktivität, Diabetes, wenig soziale Kontakte, Alkoholkonsum, traumatische Hirnverletzung und Luftverschmutzung. Aufgrund von Metaanalysen erarbeiteten Ärzte das Zwölf-Risikofaktoren-Lebensverlaufsmodell zur Demenzprävention. Alle zwölf beeinflussbaren Risikofaktoren sind zusammen aber nur für vierzig Prozent der Fälle verantwortlich.

Meiner Ansicht nach erkranken nicht nur deshalb mehr Menschen an Alzheimer oder Demenz, weil die Bevölkerung immer älter wird, sondern weil Egoismus, Narzissmus und Kapitalismus immer weiter verbreitet sind und die Demenz befeuern. Sich pandemisch ausbreitende Demenzerkrankungen sind deshalb auch ein Symptom des Kapitalismus, der das Ego und das Ich in den Mittelpunkt stellt.

Weltweit gibt es geschätzte 55 Millionen Demenzerkrankte. Die Krankheitskosten belaufen sich aktuell auf 817,9 Milliarden Dollar im Jahr.

Alle drei Sekunden ein neuer Fall

Experten rechneten aus, dass auf der Erde alle 3,2 Sekunden ein Mensch an Alzheimer erkrankt. Die Zahl der

Betroffenen verdoppelt sich alle zwanzig Jahre. 2030 wären das 78 Millionen und 2050 139 Millionen, die unter der Krankheit des Vergessens leiden. Das hat gravierende ökonomische Konsequenzen. Schätzungen zufolge werden sich die jährlichen Kosten durch Demenz im Jahr 2030 auf 2,8 Billionen Dollar belaufen.

Frauen sind laut statista.com doppelt so anfällig wie Männer. Die durchschnittliche Wahrscheinlichkeit, dass eine 65-jährige Frau an Alzheimer erkrankt, beläuft sich demnach auf rund 21,1 Prozent.

In China lebten nach Angaben von *Alzheimer's Disease International* mit rund 15,3 Millionen 2019 die meisten Menschen, die unter einer Demenzerkrankung litten – obwohl das Land aufgrund seiner Tradition den Konfuzianismus lebt, der das Wirgefühl in den Mittelpunkt stellt.

Laut einer Berechnung für das Jahr 2050 sind es vor allem die arabischen Golfstaaten, die die höchsten Zuwachsraten bei der Erkrankung verzeichnen werden. Auf Platz zwei hinter China liegen die USA (5,2 Millionen), gefolgt von Japan (4,1 Millionen), Indien (3,8 Millionen), Russland (1,9 Millionen), Brasilien (1,8 Millionen), Deutschland (1,7 Millionen), Italien (1,5 Millionen), Frankreich (1,2 Millionen) und Indonesien (knapp eine Million). Österreich liegt mit 146.391 Demenzfällen erfreulicherweise an letzter Stelle, ist aber auch gemessen an den anderen ein kleines Land.

Neue Medikamente bringen Milliardenumsätze

Für die Pharmaindustrie sind diese Zahlen quasi eine Aufforderung, neue Medikamente auf den Markt zu bringen. Die intensive Forschung war in den vergangenen Jahren mäßig erfolgreich. Im Juni 2021 wurde das Arzneimittel Aducanumab des Konzerns Biogen unter dem Namen Aduhelm in den USA zur Behandlung von Alzheimer zugelassen – allerdings im Rahmen eines beschleunigten Verfahrens und eines umstrittenen Entscheids der Gesundheitsbehörde.

Aducanumab ist ein mononuklearer Antikörper, der sich gegen die Ablagerungen des Eiweißstoffs Amyloid im Gehirn richtet. In Europa ist dieses Mittel nicht zugelassen. Die häufigsten Nebenwirkungen sind Kopfschmerzen, Sturz, Durchfall, Verwirrung, Delirium, ein veränderter mentaler Status und Desorientierung.

Nach der Schnellzulassung stellte sich noch die Frage der Bezahlung. Eine Infusion für einen durchschnittlich 74 Kilogramm schweren Patienten sollte ursprünglich 4.312 Dollar kosten. Die Behandlung wird alle vier Wochen wiederholt, was jährliche Behandlungskosten von 56.000 Dollar ausmacht. Dazu kommen die Kosten für regelmäßige Untersuchungen und Blutscans. Angesichts der Skepsis gegenüber dem Medikament halbierte die Firma Biogen den Preis auf 28.200 US-Dollar pro Jahr. Das Pharmaunternehmen hat seinen Sitz in Cambridge in Massachusetts, der Jahresumsatz beträgt 13,4 Milliarden Dollar.

Ein zweites experimentelles Präparat trägt den Namen Lecanemab. Biogen entwickelte es gemeinsam mit dem japanischen Pharmakonzern Eisai mit Sitz in Tokio. Eisai macht einen Jahresumsatz von umgerechnet 4,6 Milliarden Euro. Ärzte gehen davon aus, dass Lecanemab in Europa zugelassen werden könnte, obwohl Nebenwirkungen wie Hirnschwellungen und Mikroblutungen die eifrige Zulassung ein wenig bremsen.

Lecanemab wirkt auf Grundlage einer passiven Immunisierung. Es handelt sich wie bei Aducanumab um einen Antikörper, der sich gegen ein Ziel richtet: das Beta-Amyloid. Aus diesem Eiweiß bestehen die Ablagerungen im Gehirn, genannt Plaques, die mit der Zerstörung der Nervenzellen in Verbindung gebracht werden.

Positive Ergebnisse und umstrittene Studien

Der Wirkstoff richtet sich an Patienten in einem frühen Krankheitsstadium, die nur geringe Einbußen ihrer geistigen Leistungsfähigkeit haben. Nicht immer wird aber die Diagnose so früh gestellt.

In einer Phase-drei-Studie mit 1.795 Probanden schnitt Lecanemab positiv im Vergleich zu einem Placebo ab, jedoch nicht so hoffnungsvoll wie gedacht. Der Krankheitsverlauf verzögerte sich bloß um 27 Prozent. Die Studienergebnisse wurden Ende November 2022 auf der Alzheimerkonferenz *Clinical Trial on Alzheimer's Disease* (CTAD) vorgestellt. Man applaudierte, wenn auch verhalten.

Kleinere Studien, in denen es um die optimale Dosierung und das Aufspüren von Nebenwirkungen ging, hatten sehr wohl positive Auswirkungen auf die Gedächtnisleistung festgestellt. Allerdings war die Auswertung der Daten umstritten, weil es nahelag, dass Eisai und Biogen – als Erfinder und Produzenten des Präparats – die guten Nachrichten bewusst vor die schlechten setzten. Keine Seltenheit in der Branche. Wenn es um acht- oder neunstellige Gewinne geht, gehören Tricksereien in der Darstellung der Studienergebnisse zum Erfolgsrezept.

Demenz lässt nie auf den Profit vergessen.

Zwischendurch: Die Vor-der-Tür-Übung. Bevor wir einen Raum betreten, in dem uns Menschen erwarten, visualisieren wir sie kurz, denken an unsere jüngste Begegnung mit ihnen, resümieren, was wir so über ihr derzeitiges Leben wissen und wie es ihnen wohl geht, und betreten dann erst den Raum. Diese kleine Übung, die jeweils nicht einmal dreißig Sekunden lang dauern muss, ändert nicht nur unsere Beziehungen, auch geschäftliche, sie schützt uns ebenso vor Alzheimer und Demenz.

Kopf aus – warum wir weniger denken sollten

Ich darf Ihnen nur eines raten: Bleiben Sie lebenslang geistig aktiv, und zwar nicht nur mit Kreuzworträtseln oder Sudokus. Ich würde sogar weiter gehen und sagen: Machen Sie es denen nach, die im Alter geistig noch besser drauf sind als vorher. So wie manch ganz große Persönlichkeiten. Steigern Sie Ihre Neugierde, Ihre intellektuellen Herausforderungen und schulen Sie Ihr mentales Vermögen.

Mir ging's zum Beispiel so, dass ich die Philosophie erst im Älterwerden so richtig verstehen konnte. Da kommt die Erfahrung dazu. Das ist eine Herausforderung, die einen sogar dann noch weiter bringt als die Zeit in einem zur Routine werdenden Beruf. Sie haben dann die Chance, sozusagen von der Routine befreit, Ihren Intellekt wieder neu und besser herauszufordern. Weil Sie es sich dann aussuchen können, worauf Sie den geistigen Blick richten.

Ich sehe es bei mir: In der Ambulanz hockt man vor dem Computer und überlegt sich Diagnosen, am Nachmittag Abstriche machen, ins Labor schicken, Patientenbriefe diktieren, telefonieren und so weiter. Da hatte ich für einen philosophischen Gedanken wenig Zeit. Heute ist das anders. Heute stelle ich meine Überlegungen gezielt an und lasse mich nicht von elektronischen Meldungen überrennen.

Wir sind mit den Reizen überfordert

Reizüberflutung, grübeln, ständig kommunizieren und analysieren, dauernd bewerten und immer den Sympathikus füttern – das macht Stress und krank, wie gesagt. Es lässt unser Gehirn schneller altern. Interessant hier: Wir haben als Menschheit Hunderttausende Jahre lang in einer Welt gelebt, in der wir in unserem Leben insgesamt etwa so vielen Menschen begegnet sind wie heute in einer Woche.

Wir sind evolutionär auf die Informations- und Kommunikationsgesellschaft gar nicht vorbereitet. Deshalb ist es manchmal gut, sich zurückzuziehen und die elektronischen Geräte abzuschalten. Meditation, Atemübungen, die Seele beruhigen. Das braucht man, um den Geist auf die wichtigen Fragen einzustimmen. Nicht, ob Kim Kardashians neues Gesäßbild zwölf Millionen Likes bekommt oder welches Auto sich Ronaldo gerade wieder geleistet hat. Meiden Sie die lächerlichen Skandale, die einem online ins Gesicht geschrien werden.

Die Reizüberflutung, das Grübeln über die Düsternis der Welt, diese Gedankenspirale, die einen nach unten zieht – es macht einen entweder kirre oder krank. Dieses Analysieren und ständige Bewerten, dieses Vergleichen und innerliche Verkümmern – die Philosophen, auch wenn sie nicht immer gleich und leicht zu verstehen sind, bereichern das Geistesleben ungemein.

Das ist der Unterschied zwischen einem äußerlichen Wettlauf gegen die Zeit und das Leben und einem Spaziergang, der einen zu sich selbst führt. Gehen Sie zwischendurch spazieren und überlegen Sie sich eine Frage, die Sie schon lange beschäftigt. Was hat Sie bisher davon abgehalten, neue Antworten zu finden?

Die Macht der hormonellen Prägung

Oft sind es die Hormone, die das Gehirn beeinflussen, nicht nur das Internet. Insbesondere das Testosteron.

Das unterscheidet auch die geschlechterspezifische Ausrichtung des Fokus. Es beginnt im Mutterleib – in utero, wie wir Gynäkologen es nennen. Wenn das Embryo ein Bub wird, schwimmt sein Gehirn im Testosteron. Das Gehirn des Mädchens badet im Östrogen. Vereinfacht gesagt, wenn sie dann auf die Welt kommen, krabbelt der Bub zu den Autos und das Mädchen zum Lippenstift und Spiegel. Das ist keine Frage der Erziehung, das ist Biologie, Evolution. Und da werden wieder ein paar Leute aufschreien und Nein brüllen, das Kind müsse sich doch selbst entscheiden, welches Geschlecht es annehmen will.

Ich sage: Hormonelle Prägungen haben nichts mit soziofanatischen Medienmeldungen oder LGBTIQ-feindlichen Ausrichtungen zu tun. Jeder soll seine Sexualität individuell ausüben, keine Frage. Aber das Testosteron ist nun mal da und fördert die Aggressivität, das ist eindeutig. Daneben fördert es übrigens auch das räumliche Vorstellungsvermögen.

Männer können besser dreidimensional denken

Die Dreidimensionalität im Denken ist bei Männern stärker ausgeprägt als bei Frauen. Sorry, ich habe das so nicht eingerichtet. Verklagen Sie die Natur. Wobei Frauen freilich auch einen Testosteronspiegel haben, allerdings macht der nur rund ein Zehntel von der Menge aus, die Männer haben. Das ist auch der Grund, warum es so wenige Jetpilotinnen gibt. Ich war einmal im Rahmen einer Forschungsreise in Deutschland auf einem Luftwaffenstützpunkt. Wir testeten das Testosteron von Kampfpiloten und nahmen ihnen vor und nach dem Einsatz Blut ab. Es zeigte sich, dass die Starfighter einen deutlich höheren Testosteronspiegel als die normale männliche Bevölkerung hatten. Das gilt übrigens auch für Formel-eins-Rennfahrer.

Frauen haben durch ihren hohen Östrogenspiegel wiederum eine andere Beeinflussung des Denkens und Handelns. Sie sind die Meisterinnen der Vernetzung im Denken.

Die Hormone regulieren unser Tun. Es ist so. Wir hatten letztens daheim eine Situation: Ein kleiner Bub war da, anderthalb, und eine Fotografin kam zu Besuch. Sie wollte ihn beruhigen, indem sie ihm die Kamera hinhielt, wollte sagen: »Schau, magst du einmal fotografieren?« Und dann erschrak sie: »Oh Gott, das ist ja ein Bub!« »Wieso?«, fragte ich. Sie antwortete: »Den krieg ich jetzt nie mehr von den Knöpfen auf der Kamera weg.« Und genau so war es. Er drückte alle möglichen Tasten des Apparats. Ein Mädchen würde das nicht interessieren, sagte die Fotografin, das hätte sie oft erlebt.

Anders verhält es sich beispielsweise im Klimakterium der Frau, wenn der Östrogenspiegel sinkt und auch das Testosteron abfällt. Ich hatte Künstlerinnen bei mir in der Ordination, denen nichts mehr einfiel. Sie sagten, sie fühlten sich, als hätte jemand den Stecker ihrer Gestaltungskraft gezogen. Seit die letzte Blutung weg war, hatte sich die Kreativität, wenn auch nur vorübergehend, verabschiedet. Die meisten können sich nicht erklären, warum das passiert. Sie denken gar nicht an diese Zusammenhänge. Es ist ja nicht so, dass die Frau ins Behandlungszimmer reinkommt und sagt: »Entschuldigung, meine Kreativität ist weg, können Sie mal meine Hormone untersuchen?« Da muss man sich als Arzt sehr sensibel einfühlen.

Der Metka ist wie eine Brieftaube, den schicken wir voraus

Warum Männer ein besseres räumliches Vorstellungsvermögen haben, hängt mit Gehirnzellen zusammen, die wie ein GPS funktionieren. Ich bin nicht stolz darauf, aber ich habe einen sehr guten Orientierungssinn. Beim Bundesheer haben sie mich immer losgejagt und gesagt: »Der Metka ist wie eine Brieftaube, den schicken wir voraus.«

Heute flattere ich nicht mehr so professionell umher, ich blättere lieber in Buchseiten. So wie Sie gerade. Schön, dass wir ein paar Gedanken miteinander teilen.

Übung: Eine Funktion, mit der unser Gehirn ständig beschäftigt ist und die uns nur schadet, statt zu nützen, ist das Bewerten. Der oder das ist gut, der oder das ist schlecht. Beobachten wir uns dabei, beim Sprechen und Denken, gewöhnen wir uns das Bewerten ab, wie wir uns vielleicht als Veganer das Fleischessen oder das Rauchen abgewöhnt haben. Es entlastet unser Gehirn, hält es jünger und erhöht unsere Lebensfreude.

Kapitel fünfzehn
FOOD FOR MIND AND MOOD

Bei der Anti-Aging-Ernährung gilt es auch, die sekundären Pflanzeninhaltsstoffe zu beachten. Lassen Sie sich das auf der Zunge zergehen und der Körper wird's Ihnen danken.

Das Hirn und der Darm sind gute Freunde. Sie tauschen sich regelmäßig aus, halten einander auf dem letzten Stand. Mehr noch: Sie stehen miteinander in direkter Wechselwirkung.

Kanadische Forscher fanden heraus, dass sich eine unrunde Darmflora sich nicht nur auf die Verdauung auswirkt, sondern auch auf die Psyche. Darmbakterien beeinflussen spezielle Funktionen im Gehirn und sind für mentale Störungen bis hin zu neurologischen Erkrankungen verantwortlich. Gastroenterologen, Neuro- und Ernährungswissenschaftler sprechen deshalb von der sogenannten Darm-Hirn-Achse. Eine Verbindung zwischen den grauen Zellen im Oberstübchen und dem zweiten Gehirn mit dem Bauchgefühl weiter unten.

In früheren Studien am Max-Planck-Institut für Neurobiologie in München hatte sich schon ein Zusammenhang zwischen Darmerkrankungen und multipler Sklerose, Parkinson und Schlaganfällen gezeigt. Alles hängt mit dem sogenannten Mikrobiom, einem Konglomerat von mehr als tausend verschiedenen Arten von Darmbakterien, zusammen. Der Darm selbst besitzt neben der Darmflora ein autonomes Nervensystem, das aus mehreren Hundert Millionen Nervenzellen besteht. Das enterische Nervensystem, kurz ENS, steuert die Verdauung selbstständig, deshalb heißt es auch Bauchhirn oder Darmhirn.

Die Darm-Hirn-Achse als Kommunikationslinie

Die Darm-Hirn-Achse knickt im Laufe des Lebens nie ein, bricht nie ab. Prozesse im Darm bilden sich in Form von Gefühlen ab, beeinflussen Gedanken und sogar die kognitive Leistung. Dafür sorgen Botenstoffe, die aufs Gemüt schlagen, positiv wie negativ. Der Darm kann uns traurig machen oder zum Lachen bringen. Komisch, nicht? Er entscheidet, ob wir lustlos sind oder das Leben umarmen.

Mikroorganismen winzigster Beschaffenheit bilden sich zu einem großen Ganzen, genannt Mikrobiota oder Mikrobiom, und regen die Schleimhaut im Darm an, Hormone und Neurotransmitter wie Serotonin zu produzieren, die dann über die Darm-Hirn-Achse ans zentrale Nervensystem, kurz ZNS, weitergeleitet werden wie eine E-Mail. Das ZNS setzt sich aus dem Gehirn und dem Rückenmark zusammen und ist wiederum über den Vagusnerv mit dem Darm verbunden. Dieser Ihnen schon bekannte zehnte Hirnnerv dient als Standleitung, die alle essenziellen Informationen überträgt.

Gesundheit und Anti-Aging haben immer einen molekularbiologischen Ursprung, verbunden mit neuronalen Auswirkungen. Siebzig Prozent unserer Immunzellen ruhen in der Darmflora und sind für die Kommunikation von entscheidender Bedeutung. Ist das Immunsystem geschwächt, kann die Gedächtnisleistung massiv darunter leiden.

Das ergab eine Forschungsstudie des Max-Delbrück-Centrums für Molekulare Medizin in Berlin.

Dieselbe Untersuchung zeigte anhand von Labormäusen: Verabreichte man ihnen Antibiotika, die die Darmflora bekanntlich schädigen, verlangsamte sich bei den Nagern die Bildung von Nervenzellen im Gehirn. Die Forscher erkannten zudem, dass weiße Blutkörperchen, die für die Immunabwehr wichtig sind, durch die Antibiotika vernichtet wurden. Erst durch viel Bewegung und nach der Fütterung von Probiotika waren die Mäuschen wieder fit im Kopf. Übrigens, das nur am Rande, wirkt das viel diskutierte Glyphosat in ähnlicher Weise wie Antibiotika auf die Darmflora, nämlich sehr negativ.

Aus der Studie ließ sich ableiten: Probiotische Nahrungsergänzungsmittel und probiotische Bakterien (gute Mikroorganismen wie Lactobacillus bulgaricus, Bifidus, Acidophilus) können bei einer gestörten Darmflora helfen, sogar bei Angststörungen und Menschen, die unter dem Reizdarmsyndrom leiden. Laut Ernährungswissenschaftlern unterstützen solche Mikroorganismen die menschlichen Darmbakterien bei der Verdauung. Sie stärken angeblich auch das Immunsystem.

Ich selbst versuche daher, dass ich täglich nach Möglichkeit ein Joghurt mit einer anderen Milchsäurebakterienmischung esse, um für die Diversität des Mikrobioms zu sorgen. Denn es gibt zahlreiche Hinweise darauf, dass es wichtig ist, eine große Vielfalt an guten Mikroorganismen zu haben. So ähnlich wie eine Monokultur für den Wald im Unterschied zu einem Mischwald schädlich ist, braucht es auch im Darm Abwechslung, damit die schlechten Mikroorganismen in Schach gehalten werden.

Am liebsten futtern die guten Organismen Ballaststoffe, wie sie in Gemüse zahlreich enthalten sind. Wieder ein Argument für eine pflanzenorientierte Ernährung.

Intermittierendes Fasten schützt vor Krebs

Eine chinesische Studie vom Januar 2023, veröffentlicht im renommierten Wissenschaftsmagazin *Nature*, beschäftigt sich mit dem Zusammenhang von Kalorienrestriktion und Karzinomen. Es zeigte sich, dass intermittierendes Fasten deutliche Schutzeffekte gegen eine Vielzahl von Tumorerkrankungen hat. Wer zu bestimmten Zeiten isst und noch dazu weniger Kalorien zu sich nimmt, verhindert die Bildung von Krebszellen. Weniger ist mehr ... Gesundheit.

Yu-Qin Mao und das Ärzteteam von der Fudan-Universität in Schanghai wiesen nach, wie sehr das Mikrobiom Einfluss auf onkologische Prozesse im Körper nimmt. Auch hier zeigte sich, dass die Autophagie den Organismus vor schadhaften Zellen schützt. Entscheidend laut den Forschern in Fernost ist bei der Kalorienkarenz auch die Anreicherung von Bifidobakterien im Magen-Darm-Trakt, die einen positiven Effekt auf die Immunabwehr haben.

Intermittierendes Fasten kann so ablaufen, dass Sie an einem Tag der Woche nichts essen, nur Wasser, ungesüßten Tee und allenfalls einen Espresso trinken. Andere fasten für eine gewisse Zeit im 24-Stunden-Wechsel. Um nebenbei auch noch Gewicht zu verlieren, können Sie ein Intervall von zwei zu eins probieren, also zwei Tage essen, einen Tag darben. Einsteigern fällt es manchmal leichter, 16 Stunden am Tag nichts zu essen. Die verbleibenden acht Stunden sollten Sie aber bitte nicht nützen, um Leberkässemmeln in sich hineinzustopfen, sondern zwei vernünftige Mahlzeiten zu sich zu nehmen.

Zwei weitere internationale Langzeitstudien wiesen nach, dass pflanzenbasierte Ernährung in Kombination mit Fisch das Risiko von Dickdarmkrebs um ein Fünftel senkt. Die Beobachtung wurde im Jänner 2023 im Fachmagazin *JAMA Internal Medicine* veröffentlicht. Über eine Zeitspanne von 36 Jahren hatten Wissenschaftler 75.230 Krankenschwestern aus den USA im Rahmen der *Nurses' Health Study* untersucht, zudem 44.085 Männer in der *Health Professional Follow-up Study*. In Summe brachten die Ergebnisse 3,6 Millionen Jahre an Lebenszeit und eine Erkenntnis: Mediterrane oder gesunde, vegetarisch orientierte Kost verringert die Gesamtsterblichkeit um 14 bis zwanzig Prozent.

Eine ähnliche Studie von einem Team bestehend aus südkoreanischen und US-Forschern bescheinigte der gesunden Ernährung das Gleiche: 170.000 Probanden aus Hawaii und dem Großraum Los Angeles nahmen daran teil. Sie aßen hauptsächlich Vollkornprodukte, Gemüse und Obst und speziell bei den Männern zeigte sich eine zwanzigprozentige Verringerung, an Dickdarmkrebs, der vierthäufigsten Todesursache bei Krebs, zu erkranken. Die Daten bei den Frauen waren nicht signifikant, was daran liegt, dass Frauen statistisch seltener Dickdarmkrebs bekommen. Schätzen Sie sich glücklich, meine Damen, heute darf es ruhig ein Backhendl oder ein Beiried geben, wir wollen da nicht so streng sein.

Angesichts all dieser Erkenntnisse ist klar: Es gibt Lebensmittel, die unsere psychische Kraft und damit die Anti-Aging-Wirkung, die wir mit ihnen erzielen, stärken. Food for mind and mood eben.

Wie wichtig der Geist ist, bewies auch eine andere Studie aus dem *Shanghai Mental Health Center* der *Jiao Tong University School of Medicine*, die erst vor Kurzem im *British Medical Journal* publiziert wurde. Die Forscher hatten buddhistische Mönche untersucht und festgestellt, dass Meditieren eine erstaunlich positive Wirkung auf das Mikrobiom der 37 Probanden nahelegt. Ich muss allerdings dazusagen, dass das gedankliche Beschäftigen mit Praktiken des Samatha und des Vipassana automatisch innere Ruhe und Einsicht mit sich bringt. Ist halt nicht jedermanns Sache, über Jahre hinweg im tibetischen Hochland zwei Stunden am Tag im Schneidersitz die Augen zu schließen und sich mit seinem inneren Kind zu treffen.

»Die Reinheit des Geistes hängt von der Reinheit der Nahrungsmittel ab«, sagte der hinduistische Yogameister Sivananda Saraswati und da hat er natürlich recht.

Das Fast-Food-Experiment im Gefängnis

Mit einem Triple Cheeseburger, triefenden Gummi-Pommes und Chicken Nuggets unbekannter Provenienz wird man das nicht unbedingt schaffen, auch nicht mit einer Tiefkühlpizza, einem Mikrowellen-Gulasch oder einem Diskont-Döner.

Dazu gab es eine Studie in einem Gefängnis, in deren Rahmen eine Gruppe Häftlinge ausschließlich Junk Food zu essen bekam, die andere vorwiegend mit Omega-3-hältige Gerichte, also Fisch. Mit dem Resultat, dass die Junk-Food-Probanden mehr Schlägereien austrugen als jene Insassen, die gesund aßen. Kalorienreiche Nahrung mit einem ungesund hohen Anteil von Salz, Zucker und Fett und geringem Nährwert erzeugt demnach auch Wut und Aggression. Die Omega-3-Häftlinge dagegen waren sogar weniger depressiv, als die Zellentüren nach der Runde im Hof wieder zufielen.

Food für Mind und Mood ist die Basis für die Kommunikation zwischen Darm und Gehirn. Hochwertige Fette und Öle sind logischerweise besser als ranziges Frittieröl. Fische schwimmen sowieso im Kielwasser des Anti-Agings.

Schauen wir uns kurz die Sardine an. Die Phospholipide, die sie enthält, sind wichtig fürs Gehirn. In keinem anderen Fisch finden Sie so viele Phospholipide wie in Sardinen. In Südindien gibt es einen Wallfahrtsort, an dem das Sardinen-Fest zelebriert wird. Da essen die Leute nur Sardinen, Sardinen, Sardinen. Anscheinend verspüren sie tatsächlich eine Verbesserung aller Körperfunktionen, zumal das Gehirn dieses Lipid braucht, das es in nennenswerter Menge eben nur dort gibt. Ist der Mensch krank oder schon älter, kann der Körper das Phospholipid praktisch nicht mehr erzeugen. Die Sardine hilft gerne aus.

Kaltwasser statt Meer, Saibling statt Seeteufel

Im Alter kann der Körper auch hochwertige Fette, die mit C-Nummern ausgestattet sind, C20 oder weiter hinauf bis C25, im Gehirn nicht mehr gut herstellen. Also greift man zu Omega-3-Fettsäuren. Junge Menschen können Omega-3, zum Beispiel in gesunder Milch oder im Gemüse, weiter aufbauen und gut verwerten, kranke und ältere Menschen tun sich da schwer. Mit ein Grund, warum die Gehirnfunktion nachlässt – ja, leider. Deswegen essen die Japaner schon zum Frühstück Fisch, vielleicht geräuchert, übrigens gar nicht so schlecht. Ich persönlich, wenn es mir womöglich noch angeboten wird, schätze eine Forelle oder einen Saibling leicht geräuchert auch zum Frühstück, das ist was Herrliches. Da tut man sich Gutes, vor allem für die Gehirnleistung ganz sicher.

Bei Meeresfischen ist das was anderes. Gästen serviere ich bei mir daheim überhaupt keinen Meeresfisch mehr.

Das ist angeblich belastend, aber mein Gott. Wer einen Seeteufel mag, soll ihn bitte genießen. Wir haben zum Glück die Wahl, wir haben tolle Fische und Kaltwasser ist wichtig. Omega-3 ist Brain Food vom Feinsten.

Grundsätzlich darf ich dazu raten: Es sollte ein Kaltwasserfisch sein, denn nur er produziert dieses wertvolle Omega-3 und auch die weiteren höheren Stufen von Omega-3, die für das Gehirn wichtig sind.

Makrele ist sehr gut, Sardine auch. Weil sie nicht so alt werden wie zum Beispiel der Thunfisch, der vierzig Jahre alt sein kann. In vier Jahrzehnten eines Fischlebens sammeln sich natürlich alle möglichen Schadstoffe an. Also greifen Sie besser zur Sardine. Das ist ein interessanter Fisch. Letztens habe ich im Oman so gute Sardinen gegessen, die waren herrlich, kann ich Ihnen sagen.

Räucherfisch zum Frühstück

Der Saibling ist noch so ein Star unter den Fischen, für mich persönlich vom Geschmack her. Und die Forelle geräuchert – ein Traum.

Machen wir es den Japanern nach, unseren großen Anti-Aging-Vorbildern. Da werden Sie beim Frühstück automatisch einen geräucherten Fisch finden – gesünder als jedes Erdbeermarmeladesemmerl oder gebratene Würstel mit Speck, wie sie die Amerikaner liebend gern in sich hineinstopfen, neben den labbrigen Erdnussbutterbroten und dem wässrigen Kaffee aus der Kanne.

Ich frühstücke am liebsten ein Joghurt. Auf mein Frühstücksei kommt jeden Tag ein Teelöffel Oregano – exzellent gegen unsichtbare Flämmchen im Körper.

Joghurt macht übrigens nachweislich schön. Das sieht man am Hautbild von Mäusen, die Joghurt gegessen haben. Das gilt erfreulicherweise auch für uns Menschen. Die Haut ist eindeutig schöner als bei jenen, die kein Joghurt bekommen haben. Das liegt an den Laktobazillen – alles entzündungshemmende Stoffe, entstanden bei der Fermentation. Da sind wir auch wieder in Japan. Japaner haben durchschnittlich ein zehn Jahre jüngeres Hautbild als wir Europäer. Sie lächeln faltenfreier.

Omega-3 wirkt entzündungshemmend, wie schon erwähnt. Dasselbe gilt für den Star Omega-9 im Olivenöl. Das Gegenteil ist das Omega-6, es wirkt entzündungsfördernd. Die ruinösesten Öle sind die gefürchteten Transfette. Sie legen sich an alle Membranen an und können kaum abgebaut werden. Sie verursachen über kurz oder lang einen Kolbenreiber der Zellen.

Ich habe beispielsweise in meiner Küche nur Olivenöl zum Braten und die teureren zum Parfümieren der Speisen. Als Tipp statt der Butter: Brot ins Olivenöl tunken, wie es die Italiener machen. Omega-3 und Omega-9 sind jedenfalls die besten Löschfahrzeuge gegen die Silent Inflammation.

EPA, DHA und DPA sind Omega-3-Fettsäuren, enthalten in fettem Fisch wie Lachs und Meeresalgen. Bescheidene Mengen finden Sie auch in Eiern und Fleischprodukten, insbesondere wenn sie von Weidetieren stammen.

Im Rahmen einer Studie stellten Forscher fest, dass Menschen mit höherem DHA-, EPA- und DPA-Spiegel eine um 27 Prozent geringere Sterbewahrscheinlichkeit aufwiesen. Im Schnitt lebten sie um zwei Jahre länger.

Wer Nüsse isst, lebt länger

Wenn ich eine Walnuss knacke, ganz genüsslich beim Törggelen, bin ich jedes Mal fasziniert von der Struktur, die mich immer an meinen Sezierkurs im Studium erinnert. Die Walnuss und das Hirn haben eine frappante Ähnlichkeit.

Nüsse gelten nicht nur als Nervennahrung, sie sind Anti-Aging-Kracher. Eine Studie an 119.000 Menschen plus weitere Forschungen ergaben, dass diejenigen, die täglich Nüsse zu sich nahmen, seltener an Krebs, Herzbeschwerden, Entzündungen, Diabetes und Atemwegserkrankungen starben. Insgesamt war die Wahrscheinlichkeit um zwanzig Prozent geringer als bei denen, die keine Nüsse aßen. Das bedeutet: Nüsse zu verachten, kann tödlich sein!

Auch Kaffeetrinker, die regelmäßig und nicht zu viel tranken, wiesen eine geringere Sterblichkeit auf. Eine schwedische Studie zeigte, dass mäßiger Kaffeegenuss die Wahrscheinlichkeit, älter als neunzig Jahre zu werden, ansteigen ließ. Ich hole mir kurz einen Espresso.

So. Da bin ich wieder. Ebenso verhält es sich mit mäßigem Alkoholkonsum. Rotwein senkt das Risiko, einen vorzeitigen Tod zu sterben, um 18 Prozent und gilt wegen seines hohen Gehalts an polyphenolischen Antioxidantien als besonders vorteilhaft. Zahlreiche Studien zeigten, dass moderate Weintrinker ein geringeres Risiko hatten, an Herzerkrankungen zu sterben, als Biertrinker oder sogar Antialkoholiker.

Schokolade wurde desgleichen wissenschaftlich unter die Lupe genommen. Eine Studie an 21.000 Erwachsenen mittleren und höheren Alters ergab, dass diejenigen, die bis zu hundert Gramm Schokolade pro Tag konsumierten, weniger Herzkrankheiten hatten.

Welche Küche die gesündeste ist

Wir haben uns jetzt ausführlich mit Ernährung und dem Gehirn beschäftigt. Nun wollen wir uns vielleicht einmal fragen, was überhaupt die gesündeste Ernährung ist, um möglichst alt und möglichst gesund alt zu werden.

Im renommierten Fachmagazin *Science* stand unlängst das dokumentiert, was wir schon lange vermutet haben. Es gibt zwei ideale Anti-Aging-Ernährungsformen: die traditionelle mediterrane und die traditionelle asiatische Kost. Punkt.

Alles beginnt freilich beim Einkauf. Ich weiß, dass die Zeiten uns dazu anhalten, zu sparen. Jeder weiß das. Ich darf trotzdem sagen: Wenn es irgendwie geht, bitte sparen Sie nicht beim Essen. Lieber woanders, falls sich das ausgeht. Die Qualität der Produkte entscheidet letztlich über den

Stellenwert Ihrer Gesundheit. Es muss nicht alles superbio und extrem teuer sein. Authentisch im Idealfall. Olivenöl vom Italiener oder aus dem Supermarkt, das ein bisschen teurere. Es zahlt sich aus. Ich beschäftige mich seit mehr als zwanzig Jahren mit diversen Spitzfindigkeiten von Produkten und mit Ernährung in Bezug auf Anti-Aging.

Der amerikanische Wissenschaftsjournalist Michael Pollan, er ist nebenbei Professor an der Universität von Kalifornien, schrieb tolle Bücher darüber. Auf die Frage, was denn nun aus seiner Sicht das ideale Essen sei, sagte er: »Eat food mostly from plants and not too much.« Gefällt mir wahnsinnig in der Reduziertheit der Aussage.

Food bedeutet übersetzt nicht Essen, sondern Lebensmittel, mit Betonung auf Leben. Das verarbeitete Lebensmittel heißt Nutrition, wie Ernährung. Und mostly bedeutet, dass Fleisch nicht kategorisch böse ist. Not too much – nicht zu viel ist nicht immer leicht, ich weiß.

Eine aktuelle Studie des Markt- und Meinungsforschungsinstituts Integral zeigt, dass der Fleischkonsum in Österreich rückläufig ist. Jeder Vierte will weniger Rind, Schwein, Huhn und Wild auf dem Teller zerschneiden. Nur mehr jeder Zehnte tut das täglich. 27 Prozent der Befragten gaben an, in Zukunft weniger Fleisch auf dem Teller haben zu wollen, drei Prozent wollen ganz darauf verzichten. Einerseits aus gesundheitlichen Gründen, andererseits des Klimas wegen.

Für die Produktion eines Kilogramms Rindfleisch werden 15.500 Liter Trinkwasser benötigt. Bei Schweinefleisch sind es laut dem Statistikportal *Our World in Data* 4.800 Liter, bei Geflügel rund 3.600 Liter Wasser.

Wie auch immer Sie es halten. Wenn Ihnen ein gutes Steak schmeckt, nur zu. Wir wollen nicht so apodiktisch sein und jeden, der sich nur in die Nähe eines Barbecues begibt, Klimamörder schimpfen.

Die vier Punkte anti-inflammatorischer Ernährung

Vier Dinge sollten Sie im Hinterkopf behalten, wenn von anti-inflammatorischer beziehungsweise Anti-Aging-Ernährung die Rede ist:

Eiweiß
Fette und *Öle*
Kohlenhydrate
Sekundäre Pflanzeninhaltsstoffe

Obwohl es die Leute kennen, das muss man so oft wiederholen, bis es wirklich drin ist im Kopf.

Zum Eiweiß: Pflanzliches Eiweiß schneidet in allen Studien besser ab als tierisches. Was aber nicht heißt, dass man deswegen unbedingt zum Vegetarier werden muss. Es kommt auf die Qualität des Fleisches an. Ich finde einen Ausspruch von Konfuzius sehr hilfreich und originell: »Wenn du Fleisch isst, dann iss Fleisch von Tieren mit zwei Beinen oder mit keinen.« Das heißt, Hühner zum Beispiel haben eine andere Eiweißzusammenstellung: die Aminosäure Lysin. Dieses Lysin wirkt antiviral, deswegen gibt es Hühnersuppe bei einem viralen Infekt.

Für rotes Fleisch (Vierbeiner) gilt, was wir schon gesagt haben: nicht dreimal täglich wie die Amerikaner, also Bacon zum Breakfast, Hamburger zum Lunch und zum Dinner endlich ein saftiges Roastbeef. Bleiben wir bei der Tradition unserer Eltern und Großeltern: einmal in der Woche einen schönen Sonntagsbraten. Wussten Sie im Übrigen, dass Kichererbsen, beispielsweise in Form von Hummus, fast mehr Eiweiß enthalten als die gleiche Menge Lachs? Oder Brokkoli? Die grünen Freunde liefern mindestens gleich viel Eiweiß wie ein Steak.

Zu den Fetten und Ölen: Da gibt es einerseits die Engelsöle und andererseits die Teufelsfette. Mit Teufelsfetten, nehmen wir das teuflischste, sind die Transfette gemeint, aber auch die Omega-6-Fettsäuren kommen nicht gut weg. Damit fördern Sie, wie gesagt, Entzündungen. Das ist, wie wenn man Fauch in den Ofen hineinwirft, einen Brandbeschleuniger ins offene Feuer. In Wahrheit Selbstmord mit Messer und Gabel. Verwendet man dagegen Engelsöle, wie eben Omega-3 oder Olivenöl, löschen diese das Feuer wie einst der heilige Florian.

Dann kommen wir zu den Kohlenhydraten: Unter ihnen gibt es ebenfalls gute und schlechte. Ein Zuviel an Zucker ist sicher eine Hauptursache für unsere toxische Nahrungsaufnahme. Wir brauchen Zucker, aber zu viel erzeugt Altern im Zeitraffer. Das ist Pro-Aging. Ja, das hat nichts zu tun mit unserem Ziel, dem Anti-Aging.

Aber es ist nicht nur die Glukose, auch die Fruktose. Zum Beispiel wenn man in der Früh einen frisch gepressten Orangensaft trinkt und glaubt, das sei das Nonplusultra für die Gesundheit. In Wahrheit enthält er eine Überdosis der problematischen Fruktose. Genau dasselbe, wenn man seinem Kind statt eines Apfels einen Apfelsaft zum Jausenbrot gibt. Der enthält die Fruktose von zehn Äpfeln, die das Kind so nie essen würde. Dadurch werden die Kinder, ohne dass man es vermutet, gemästet.

Auf der anderen Seite gibt es gute und wichtige Kohlenhydrate, nämlich die Ballaststoffe. Wir haben das schon bei der Darmflora gehört: Gemüse ist Balsam für das Innenleben da unten. Ein Übermaß an Zucker verbindet sich durch die freien Radikalen mit dem Eiweiß im Körper, man nennt das AGS oder Adrenogenitales Syndrom. Sie müssen sich das vorstellen wie eine heiße Pfanne, in der sich Butter mit Zucker zu Karamell verbindet, und diese Karamellisierung ist nichts anderes als die Altersflecken beim Menschen.

Der vierte Punkt sind die sekundären Pflanzeninhaltsstoffe, diese Anti-Aging-Superfoods, wie das Lycopin in Paradeisern. Lycopin ist ein starker Entzündungshemmer, der hitzestabil ist. Im Sugo zum Beispiel haben Sie ein Lycopin-Konzentrat, wie es besser nicht geht. Oder das 17-Hydroxytyrosol in den Oliven – ich liebe Oliven. Es wirkt wie Ibuprofen, ist entzündungshemmend und schmerzlindernd.

Oder das Quercetin in der Zwiebel, ein sagenhafter Energiebooster und die einzige Substanz, mit der Sie die

Mitochondrienleistung nicht nur verbessern, sondern die Mitochondrienzahl überhaupt erhöhen können. Das gibt Kraft und fördert zudem die Libido. Die Erbauer der Pyramiden bestanden seinerzeit darauf, jeden Tag mindestens eineinhalb Kilo Zwiebel zu bekommen, da sie sonst die notwendige Energie zum Schleppen der Steine nicht aufbringen konnten.

Oder das Beta-Glucan, der stärkste natürliche Immunmodulator, den wir kennen, enthalten in der Gerste. Es ist eine alte Tradition im Hause Windsor, noch von den Kelten stammend, täglich ein Viertel *Barley Water*, also Gerstenwasser, zu trinken. Wenn man an die Queen denkt, scheint das ja geholfen zu haben.

Und zum Abschluss wollen wir noch ein paar Stars aus der jahrtausendealten Apotheke der Natur erwähnen: Studien zeigen, dass die tägliche Verwendung von einem Kaffeelöffel Oregano oder von getrocknetem Majoran den Entzündungsstatus (gemessen am Gehalt des Tumornekrosefaktor-alpha in den Lymphozyten) nach sieben Tagen reduziert und das inflammatorische Feuer im Inneren praktisch gelöscht hat. Zum Salbei – kommt von *salvare*, also retten, heilen – hat einer der berühmtesten Ärzte der Weltgeschichte, nämlich Avicenna (bekannt aus dem Film *Der Medicus*), gesagt: »Wie kann ein Mann sterben, der Salbei in seinem Garten hat.«

Meine Pasta zum Fasten

Am Ende möchte ich Ihnen noch etwas verraten, mit dem ich bei meinen Vorträgen über Ernährung die Leute immer zum Staunen bringe. Ich gehe und sage: »Jetzt reden wir über die Lieblingsspeise der Kinder, die ganz und gar nicht ungesund ist, wenn man sie richtig macht, nämlich die Pasta Pomodoro.«

Nehmen Sie Nudeln aus Hartweizengrieß, damit die Stärke langsam im Körper aufgeschlüsselt wird und der Zucker nicht so belastet. Bitte unbedingt al dente kochen, dann haben Sie einen niedrigen glykämischen Index. Drei Kilo Tomaten köcheln Sie ein, bis das Lycopin vor Freude tanzt. Danach kommen die Zwiebeln dazu – herrlich. Sie verwenden hochwertiges Olivenöl und reiben am Schluss ein bisschen frischen Parmesan darüber, dazu ein Kaffeelöffel Oregano – voilà.

Wenn ich den Teilnehmern bei unserer Anti-Aging-Fastenwoche, während der man auch essen darf, so etwas zeige, schauen sie mich nur groß an und glauben, das ist ein Witz. »Aber nein«, sage ich, »diese Pasta ist ein Jungbrunnen, lassen Sie sie sich gut schmecken.«

Das Leben ist schön. Ich wünsche Ihnen Gesundheit und bleiben Sie jung im Kopf.

Anhang

LEBENSMITTEL GEGEN DIE SILENT INFLAMMATION

Um die leisen Brandherde im Körper, die den Alterungsprozess beschleunigen, auf sanfte Art zu löschen, gibt es
allerhand gesunde Produkte. Hier finden Sie eine Über-
sicht über die besten Anti-Aging-Lebensmittel, die Sie
Ihrem Körper zuführen können. Gegenübergestellt sind
ihnen Silent-Inflammation-Schürer:

Entzündungshemmend	Entzündungsfördernd
Nudeln al dente	Weich gekochte Nudeln
Hartweizengrieß	Weizenmehl
Ballaststoffe (Gemüse)	Zucker
Fisch	
Sardine geräuchert	Frittierter und
Lachs	gebackener Fisch
Makrele geräuchert	
Saibling	
Fleisch	
Geflügel	Schweinefleisch
Gemüse	
Brokkoli	
Kohl	
Paprika	
Rüben	
Artischocken	

Entzündungshemmend	Entzündungsfördernd
Spinat	
Karotten	
Sauerkraut	
Obst	
Orangen	Smoothies
Äpfel	
Erdbeeren	
Goji-Beeren	
Himbeeren	
Zwetschken	
Süßkirschen	
Heidelbeeren	
Preiselbeeren	
Vollkornprodukte	
Hafer	Weißbrot in allen
Quinoa	Variationen
Vollkornreis	
Gerste	
Hülsenfrüchte	
Pintobohnen	
Kidneybohnen	
Platterbsen	
Kichererbsen	
Erbsen	

Entzündungshemmend	Entzündungsfördernd
Nüsse	
Walnüsse	Gesalzene Erdnüsse
Pekannüsse	
Mandeln	
Kürbiskerne	
Getränke	
Ungesüßter Kaffee	Gesüßter Kaffee
Grüner Tee	Gesüßter Tee
Rotwein	Weißwein
Wasser	Softdrinks
Kakao/Bitterschokolade	Milchschokolade
Joghurt	Milch
Gewürze	
Kurkuma	
Ingwer	
Chili	
Basilikum	
Knoblauch	
Koriander	
Minze	
Curry	
Salbei	
Rosmarin	
Oregano	
Zimt